go green

Alexander Hermann

bestwriter Verlag, Königsbach-Stein

1. Edition, 2023

© 2023 All rights reserved.

Alexander Hermann und Jenny Tertel GbR

Bleichstr. 17

75203 Königsbach-Stein

bestwriter Verlag, Königsbach-Stein

ISBN Print   978-3-9825419-3-8
ISBN E-Book   978-3-9825419-4-5

Das Buch:

Denkt ihr manchmal auch an ein bestimmtes Ereignis zurück? An den Tag, der euer Leben verändert hat? Max denkt in letzter Zeit oft an diesen Tag. Der Tag, an dem er Paul kennengelernt hat. Dieser Mensch hatte in ihm einen Funken entfacht, der nun zu einer Feuersbrunst angeschwollen ist. Max verliert immer weiter die Kontrolle. Er versinkt in einem Strudel der Angst und des Substanzmissbrauchs. Wie weit ist er bereit für seine Überzeugungen zu gehen? Sollte er seinem Herzen oder seinem Verstand folgen?

Der Autor:

Alexander Hermann ist 1997 geboren und aufgewachsen in einer beschaulichen Gemeinde im Schwarzwald bei Titisee-Neustadt. Schon in frühen Jahren begann er mit dem Schreiben und entdeckte sein Talent.

In seinen Büchern findet er einen Ausgleich zum Arbeitsalltag und kann hierbei nicht nur einem Hobby nachgehen. Ziel seiner Bücher ist für ihn nicht nur das Erzählen einer Geschichte. Vielmehr kann er hierbei seine unbändige Wissbegierde hinsichtlich geschichtlichen Ereignissen einfließen lassen und schafft es, seinen Lesern dieses Wissen leicht zu vermitteln.

In jedem Buch stecken viele Botschaften, welche man auf den ersten Blick nicht gleich zu erkennen vermag, die der Leichtigkeit des Lesens jedoch keinen Abbruch tut.

An die Nachkommen der „Letzten Generation"

Kapitel 1

Abermals sehe ich nach oben. Direkt über meinem Schreibtisch hängt eine schwarze Uhr, deren zuverlässig fortschreitender Zeiger meinen Unmut wachsen lässt. Genervt atme ich aus. Meine Finger tippen wiederholt auf den Schreibtisch. Das monotone Geräusch, welches sie dabei verursachen, lässt meine Motivation weiter sinken. *Das wird nichts mehr.* Kopfschüttelnd senke ich meinen Kopf wieder und starre auf die Bücher die vor mir liegen. Zwei sind aufgeschlagen, drei weitere stapeln sich in meinem linken Sichtfeld.

Weiter jetzt! Ich lese den ersten Satz der Seite erneut. *Fuck!* Ich stütze meinen Kopf auf meine Hand und schließe meine Augen. In dieser Position verharre ich, bis das Ticken des Uhrwerks ein Gefühl in mir auslöst, dass mich aufspringen lässt.

„Scheiße! Man, wie soll man so arbeiten?!" Meine Hand schlägt auf die Tischplatte. *Ich sollte aufhören. Aber ich muss das fertig machen.*

Ich schließe meine Augen und versuche ruhig zu atmen. Mein Herz pocht schnell, meine Hände zittern leicht. *Wenn ich ihm das bis morgen nicht gebe, flippt er aus.* Ich stampfe mit meinem rechten Fuß auf den Boden und öffne meine Augen wieder. *Ich schaffe das.* Schwungvoll drehe ich mich um und greife nach einer Schachtel Zigaretten, die neben den Büchern liegt. Noch immer bin ich leicht zittrig, doch als der erste Zug an der Kippe den angenehm kratzigen Rauch in meine Lungen treibt, beginnt mein Herz damit, wieder langsamer zu schlagen. *Das tut gut.* Rauchend laufe ich durch den Raum.

Wie schnell ich mich hier eingelebt habe. Ich setze mich auf das Sofa, dass gegenüber des Schreibtisches steht. Von hier aus blicke ich wieder auf die Uhr. *Du schaffst das!* Zum wiederholten Mal an diesem Abend zähle ich die Stunden bis zum Morgen. *Fünf Stunden. Das reicht.* Ich ziehe nochmal an der Zigarette und gähne, während ich den bläulichen Rauch ausatme. *Ich hatte schon weniger Zeit, um mehr abzuliefern.* Als sich die zu schwergewordene Asche ablöst und auf den Boden fällt, lehne ich mich zur Seite und greife mit meiner freien Hand nach dem Aschenbecher, der auf einem hölzernen Beistelltisch steht. *Soll ich die Asche aufwischen?* Ich winke ab und verteile sie mit meinem Fuß bis zur Unkenntlichkeit auf dem Boden. Als ich mich zurücklehne, dringt ein Gedanke, verbunden mit einem Gefühl der Notwendigkeit in mein Bewusstsein. *Etwas zu trinken wäre jetzt gut.*

Ich stehe auf und gehe zu einer Kommode, auf der ein Sortiment verschiedener Whiskeys, Schnäpsen und Likören steht. Ohne darüber nachzudenken, greife ich mir eines der zwei frischen Gläser, die neben dem Rondell, auf dem die Whiskeyflaschen aufgereiht sind, stehen. Ich stecke mir die Zigarette zwischen meine Lippen und schenke mir langsam ein. *Das sollten zwei Fingerbreiten sein.* Die Flasche lasse ich auf der Kommode stehen und gehe zurück zum Sofa. Nachdem ich mich gesetzt habe, fällt mir auf, dass die Zigarette ausgegangen ist. Da sie bereits über die Hälfte geraucht war, lege ich sie in den Aschenbecher. *Da nehme ich mir lieber eine Neue.* Kaum habe ich zu Ende gedacht, fällt mein Blick auf die Schachtel, die an der Stelle liegt, an der ich sie zurückgelassen habe. *Verflucht!*

Ich atme scharf aus und nehme einen Schluck vom Whiskey. Der Geschmack ist vertraut, einen Hauch von süßlicher Vanille und Honig und gleichzeitig einer gewissen Würze. Ich beobachte die bernsteinfarbene Flüssigkeit, die im Glas sanft hin und her schwappt. Der Anblick erinnert mich daran, als ich das erste Mal Whiskey probiert hatte. Ich hätte mir niemals vorstellen können, dass ich dieses Destillat einmal freiwillig trinken würde.

Mein Blick wandert vom Glas durch den Raum. *Das alles habe ich mir damals nicht vorstellen können.* An einem Bilderrahmen, der unterhalb der Uhr an der Wand befestigt ist, bleiben meine Augen hängen. Darauf ist ein junger Mann zu sehen, der in stolzer Haltung auf mich herabsieht. *Arrogant und doch fesselnd.* Bei seinem Anblick wird mir wieder klar, dass ich noch einiges vor mir habe.

„Das war Pause genug." Ich stehe auf und laufe mit dem Glas in der Hand zurück zum Schreibtisch. Seufzend lasse ich mich in den Stuhl fallen und greife nach den Zigaretten. Ich nehme noch einen Schluck und stelle das halb leere Glas neben die aufgeschlagenen Bücher. Dann zünde ich mir eine Zigarette an und beginne zu lesen. *Die Pause habe ich gebraucht.* Nun begreife ich den Inhalt der

Sätze auf Anhieb und ich komme schnell voran. Ich rauche im Bann der Worte eine Zigarette nach der anderen, was mir erst klar wird, nachdem meine Finger in der leeren Schachtel vergeblich nach Nachschub suchen. *Ich hole jetzt keine neuen. Es läuft gerade zu gut.*

Als ich das begonnene Kapitel beendet habe, lege ich die Bücher beiseite und ziehe das Notebook zu mir, dass an der hinteren Schreibtischkante gestanden hatte. Ich klappe das Display auf, dass daraufhin direkt zum Leben erwacht. Es dauert nur einen Moment, dann ist es per Gesichtserkennung entsperrt und zeigt mir meinen Desktop an. *Dann wollen wir das mal in einem Bericht zusammenfassen.* Durch mehrere Ordner klicke ich mich bis zu meinem Ziel und öffne die leere Datei. Der blinkende Cursor schwebt über dem unbeschriebenen Teil der digitalen Seite, als wolle er mir sagen, dass ich anfangen müsse. *Wie du willst.* Ich lege meine Finger auf die Tasten und beginne in schnellen, unausgereiften Sätzen meine rasenden Gedanken niederzuschreiben. Ein paar Seiten waren eingetippt, als ich energisch und selbstzufrieden den letzten Satz mit einem Ausrufezeichen beende.

Bevor ich aufstehe, schicke ich das Notebook, mit Druck auf den Startknopf, schlafen und gehe abermals zur Kommode. Die oberste Schublade klemmt ein wenig, sie lässt sich nur mit sanftem Ruckeln öffnen. *Was haben wir denn da?* Die Schublade offenbart ihren Inhalt und ein zufriedenes Lächeln huscht mir über die Lippen. Sie ist bis zum Anschlag gefüllt mit Stangen meiner liebsten Zigarettenmarke. Ich greife nach einer losen Packung und streife über den erhabenen Schriftzug, bevor ich die Plastikverpackung entferne, die Schublade schließe und mich auf den Weg zum Sofa mache. *Eine rauche ich. Dann mache ich weiter.* Mein Rücken knackt, als ich mich auf das Sofa setze. *Ich muss wieder mehr Sport machen.* Der Gedanke löst ein leichtes Kopfschütteln in mir aus. *Hätte ich bloß die Zeit dazu.*

Ich lehne mich zurück und lasse meinen Körper von der weichen Polsterung auffangen. Während ich rauche, fallen meine Augen immer wieder zu. Die Müdigkeit hatte so schleichend Besitz von mir ergriffen, dass ich mir erst mit den bleiernen Augen darüber bewusst werde. Nach zwei vergeblichen Versuchen, gegen die immer wieder zufallenden Augenlider anzukämpfen, lasse ich meine Augen geschlossen.

Zeit. Die Nacht bringt mich immer zum Nachdenken. *Die Zeit ist wirklich schnell vergangen.* Ich drücke die bis zum Filter aufgerauchte Zigarette aus. Der Anblick der Kippen im Aschenbecher lässt eine Erinnerung in mir wach werden. Sie bahnt sich ihren Weg von weit unten, durch Zahlen, Statistiken und Berichte, direkt in mein Bewusstsein. Lebhaft und mächtig ergreift sie Besitz von mir. Ich kämpfe nicht dagegen an, sondern lehne mich zurück und genieße sie. Meine Augen fallen zu und ich versinke in der Welt der Vergangenheit.

Kapitel 2

Erinnerungen aus meiner Vergangenheit

Die Musik war laut, überdeckte jedoch nicht die zahlreichen Gesprächsfetzen, die an mein Ohr drangen. Ich griff nach meinem Bier, das vor mir auf dem Tisch stand und nahm einen großen Schluck. Der herbe Geschmack befriedigte mich, der Gedanke daran, dass er weiter zu meinem Rausch beitragen würde jedoch, löste ein noch befriedigenderes Gefühl in mir aus.

Die restlichen Stühle um den Tisch herum waren leer. Wie jeden Abend war ich alleine gekommen. Während ich weitere Schlucke aus dem Glas nahm, sah ich mich in der bekannten Kneipe um. Ich suchte nach interessanten Gesichtern, horchte nach Wortfetzen, die ein vielversprechendes Gespräch in Aussicht stellten. Doch wie an den meisten Abenden erregte nichts meine Aufmerksamkeit. Das Glas war halb geleert und ich stellte es zurück auf den Bierdeckel, griff in meine Tasche und nahm meine Zigarettenpackung zur Hand. *Wie immer. Halb leeres Glas, eine Zigarette.* Mit meinem personalisierten Sturmfeuerzeug steckte ich mir eine Kippe an und lehnte mich zurück.

Ein neuer Song ertönte, was die Besetzung des Nachbartisches zum Jubeln veranlasste. Ich schenkte ihnen einen kurzen Blick, doch die zwei Frauen und die drei

Männer waren in keiner Weise interessant für mich. Seit meiner Ankunft redeten sie über belanglose Dinge, wie ihren harten Arbeitstag oder das beabsichtigte Urlaubsziel.

Ich widmete meine Aufmerksamkeit meinem Smartphone, das neben dem Glas auf dem Tisch lag. Neugierig warf ich einen Blick auf das aufleuchtende Display. *Nur Pushnachrichten. Nichts Besonderes.* Ich drückte die Kippe im Aschenbecher aus und trank den Rest des Glases aus. Ich suchte erneut den Raum ab und fand mein Ziel. Als die Kellnerin zu mir herübersah, hob ich meine Hand. Sie bahnte sich ihren Weg durch den Schankraum, umkurvte die meist voll besetzten Tische und gelangte zu mir. Ich kannte sie, die junge Dame arbeitete immer mittwochs, donnerstags und freitags.

„Nochmal ein Bier?", fragte sie mit leicht kratziger Stimme.

„Ja, bringe mir gleich zwei, dann musst du nicht direkt wieder kommen."

Sie lachte kurz, ehe sie sagte: „Das Übliche eben." Mit dem leeren Glas trat sie ihren Rückweg an, ich sah ihr noch kurz hinterher und blickte dann wieder vor mich auf den Tisch.

Als ich mich leicht nach vorne beugte, um nach meinem Smartphone zu greifen, knackte mein Rücken. *Ich muss wirklich mehr Sport machen.* Der Gedanke ließ mich schmunzeln. *Hätte ich nur die Zeit dazu.* Ich schloss meine Augen, um mich besser auf die Gespräche in meiner Umgebung konzentrieren zu können.

Als ich so dasaß, in mich gekehrt und lauschend, kam mir ein Gedanke, den ich bisher noch niemals hatte.

Warum sitzt du hier? Nach was suchst du eigentlich? Ich öffnete meine Augen wieder und stützte meine Ellbogen auf die Tischkante. Meinen Kopf legte ich auf meinen Händen ab und ich dachte fieberhaft darüber nach. *Wie war das vorher? Habe ich das nicht schon immer so gemacht?* Ich dachte an meine Vergangenheit. *Seit wann komme ich eigentlich her?*

Die Kellnerin unterbrach meinen Gedankenfluss. „Hier, dein Bier. Oder eher Biere." Sie stellte die zwei Gläser vor mir ab. Ich nickte ihr zu und formte mit meinen Lippen das stumme Wort „Danke".

Mit einem Glas Bier in der Hand lehnte ich mich zurück. *Inspiration.* Der Gedanke zuckte blitzartig durch meinen Kopf. *Das ist es.* Ich lächelte. Mit dem Gedanken breitete sich Gewissheit in mir aus. *Das muss es sein. Ich suche etwas, dass mich inspiriert.* Zufrieden trank ich einen Schluck, nahm wieder eine Zigarette zur Hand und rauchte.

Währenddessen sah ich wieder zu meinen Tischnachbarn. *Ihr könnt mir das nicht bieten. Mit euren engstirnigen, uninteressanten und belanglosen Gesprächen.* Ich nahm mein Smartphone zur Hand und checkte meine Mails. *Das wird morgen ja ein toller Tag.* Ich schnaubte verächtlich und legte das Telefon wieder an seinen Platz. *Darauf habe ich ja gar keine Lust.* Die E-Mail meines Vaters hatte meine Laune verdorben. *Das er immer mir solche Scheißaufgaben übertragen muss.*

Missmutig bemerkte ich, dass meine Zigarette ausgegangen war. In Anbetracht des verbliebenen Tabaks verzichtete ich auf ein erneutes anzünden. Ich legte sie in den Aschenbecher, in dem drei Kippenstummel lagen. In diesem Moment drang ein Gesprächsfetzen an mein Ohr, der mein Leben verändern sollte.

Nach dem Redner suchend, durchstreifte ich den Raum mit meinen Blicken. An einem Ecktisch fand ich die gesuchte Person. Es schien ein junger Mann zu sein, wahrscheinlich in meinem Alter. Er stand abgewandt von mir, vor dem Tisch und gestikulierte während seiner energisch ausgeführten Rede wild mit den Händen. Von diesem Moment an war ich in seinen Bann gezogen, nein eher gerissen, worden.

Ich ergriff mein Glas und meine Zigaretten und ging eilig durch den Raum. Wenige Schritte hinter ihm blieb ich stehen und lauschte den Worten, die er an seine offensichtlichen Begleiter richtete. Es wirkte surreal auf mich, er sprach nicht, als würde er vor einer kleinen Gruppe reden, nein, er sprach, als sei er Hauptredner auf einer Wahlkampfveranstaltung. Gezielt unterstrich er jedes seiner Schlagworte mit einer resoluten Geste, er votierte mit seinem gesamten Körper. Während ich gefesselt und zutiefst beeindruckt von seiner Wortgewandtheit war, sahen die Empfänger seiner Tirade alles andere als beeindruckt aus. Ich musste schmunzeln, als ein anklagender Satz verantwortlich für Laute der Empörung, innerhalb der Beredeten war. Auch wenn ich über die gesprochene Worte nachdachte und ich den Inhalt der Rede bedeutsam fand, so beeindruckte mich jedoch viel mehr die Art und Weise, wie sie vorgetragen wurde.

Mit einem letzten Satz und einer schwungvollen Gestikulation mittels seines Armes beendete er seinen

Vortrag. Urplötzlich drehte sich der Redner um und lief mit großen Schritten an mir vorbei. An dem Tisch brach empörtes Gerede aus, die dort Sitzenden echauffierten sich über ihn. Ich nahm einen kräftigen Schluck und steckte mir gedankenverloren eine Zigarette an. Erst jetzt wurde mir bewusst, dass mir mein Herz bis zum Hals schlug, meine Hände waren leicht zittrig. *Wer ist das? War er zum ersten Mal hier?*

„Das ist eine Unverschämtheit!", sagte eine Frau, die am nebenstehenden Tisch saß. Sie hatte sich zu der Gruppe herübergelehnt und stieg mit in die Kritik gegen den Redner ein. Ich hörte ihnen zu, bis ein Gedanke meinen Kopf durchzuckte. *Das ist es!* Ich drehte mich um. *Darauf habe ich gewartet. Danach habe ich gesucht.* Ich nahm Kurs auf meinen Tisch und blieb abrupt stehen. Der Mann saß dort, wieder von mir abgewandt. Langsam näherte ich mich ihm. *Ist das Zufall? Hat er mich bemerkt?* Als ich meinen alten Platz erreicht hatte, blickten mich hellwache, beinahe leuchtende Augen an, die mir meine Frage beantworteten.

„Hat dir meine Rede gefallen?"

Kapitel 3

Meine Finger bewegen sich schnellstmöglich über die Tastatur, meine Augen springen von Wort zu Wort. Am Satzende verweile ich, fokussiere den Punkt und denke über die Formulierung des vorangegangenen Satzes nach. *Das passt so. Weiter.* Ich bemühe mich, meine Konzentration aufrechtzuerhalten, kann es jedoch nicht verhindern, kurz auf die digitale Anzeige der Uhrzeit zu sehen. *Scheiße.* Der nächste Satz wird durch den Austausch weniger Wörter aufgewertet. Mein Fuß wippt auf und ab und in meiner Körpermitte hat sich ein ekelhaft zu ertragender, aus purer Nervosität bestehender Klumpen, gebildet, der es mir zusehends erschwert, konstruktiv zu arbeiten.

Als ich im letzten Drittel des Berichts angelangt bin, wandern meine Augen immer wieder zur Uhrzeit. *Das wird knapp.* Den nächsten Satz korrigiere ich noch, dann schiebe ich den Stuhl zurück, stehe auf und gehe zur Kommode. *Ich muss was trinken.* Die mittlere Schublade zieht sich über die gesamte Höhe und beinhaltet verschiedene Sorten Mineralwasser. Wahllos greife ich nach einer gläsernen Flasche und trinke gierig, bis mein Durst gestillt ist. Die Flasche stelle ich neben den Whiskey. Der Anblick der Flasche, mit ihrem goldbraunen Inhalt, wirkt verlockend auf mich und verspricht eine

Minderung meiner Nervosität. Ich verharre kurz und wische das aufkeimende schlechte Gewissen mit einer saloppen Handbewegung beiseite. *Scheiß drauf.* Auf ein Glas verzichte ich.

Bewaffnet mit der halb leeren Flasche gehe ich zurück zum Schreibtisch und nehme meine Arbeit wieder auf. Nach jedem aufgehübschten Satz nehme ich einen Schluck. Schon nach dem Ersten, der in gewohnter Weise leicht in meiner Kehle brennt, bereitet sich ein Gefühl in meinem Bauch aus, dass den Klumpen der Nervosität aus meinem Inneren verbannt. Auch die fortschreitende Stunde löst keine negativen Gefühle in mir aus, ich arbeite konzentriert und effizient.

Am Ende des Textes angelangt, schicke ich ihn per E-Mail weg, schließe das Programm und jage den letzten Schluck Whiskey meine Kehle hinunter. Die leere Flasche stelle ich zu den anderen, die unter meinem Schreibtisch wohlbehütet vor unerwünschten Blicken stehen. Kurz genieße ich mit geschlossenen Augen, wie der Alkohol seine angenehme Wirkung entfaltet. Ein leichtes Kribbeln geht von meinem Bauch aus und durchzieht meinen Körper, bis in meine Fingerspitzen hinein.

Meine Ruhe wird jäh unterbrochen, als sich mein Smartphone meldet. *Ist es schon so weit?* Während ich auf meinem Schreibtisch blind nach dem vibrierenden Gerät taste, checke ich nochmals die Uhrzeit. *Zeit wäre es. Aber er würde mich nicht auf meinem Handy anrufen.* Ich finde mein Smartphone. *Dafür habe ich keine Zeit!* Das Display verrät mir, dass meine Mutter anruft. Ich drücke sie weg. *Was brauche ich für das Telefonat mit ihm?*

Das Handy stecke ich in meine Hosentasche und stehe auf. Abermals ist die Kommode mein Anlaufpunkt. Aus dem Rondell greife ich mir eine weitere Whiskeyflasche und rüste mich gleich auch mit einer Reservepackung Zigaretten aus. Als ich mich zum Sofa begebe, um meine angebrochene Packung zu holen, fällt mir auf, wie schlecht die Luft in meinem Büro ist. *Was für eine Nacht.* Der Anblick des zerknautschten Sofakissens erinnert mich an mein Versagen. *Einfach eingepennt.*

Ich schüttele den Kopf und gehe zum Fenster. Mittlerweile herrscht die Sonne, vor Stunden hatte sie das fahle Mondlicht verdrängt. Kühle Luft strömt mir entgegen, als ich beide Fensterhälften öffne. Ich versuche, das einfallende Licht und den frischen Luftstrom zu genießen, was mir nicht gelingt. Viel zu schnell rasen meine Gedanken. *Immerhin habe ich den geforderten Bericht fertiggestellt.*

Ich schraube die Flasche auf. *Und das sogar rechtzeitig. Vor der Morgenbesprechung.* Ich trinke, zünde mir eine Zigarette an und setze mich wieder an den Schreibtisch. Als ich meinen Arm ausstrecke, um gegen das Chaos auf meiner Arbeitsfläche vorzugehen, zieht mir ein unangenehmer Geruch in die Nase. *Ich muss dringend duschen.* Zufrieden mit dem Ergebnis meines halbherzigen Aufräumens nippe ich immer mal wieder an der Flasche. *Eigentlich müsste es jetzt so weit sein.*

Mein Blick fällt immer wieder auf das auf einer drehbaren Halterung befestigte Telefon. Es klingelte nicht. Und dass, obwohl der übliche Zeitpunkt bereits um mehrere Minuten überschritten war. Stattdessen vibriert mein Handy abermals. „Alter, was kann denn so wichtig sein?" Bevor ich es aus meiner Tasche nehme, führe ich mir einen großen Schluck zu Gemüte und stelle die Flasche weg. Überrascht sehe ich, dass es nicht meine Mutter, sondern mein Vater ist. *Da muss ich wohl ran gehen.* Ich werfe der digitalen Uhr einen angespannten Blick zu und nehme den Anruf entgegen.

„Ja?", sage ich harsch.

„Dir auch einen guten Morgen, Sohn", kommt die in gewohnter strenge ausgesprochene Antwort.

„Was gibt es?", fragte ich unbeeindruckt und rufe mein Mailprogramm auf. *Das habe ich übersehen.* Schockiert sehe ich eine ungeöffnete Mail meines Vaters.

„Ich habe mit erschrecken festgestellt, dass du mit den Aufgaben, die ich dir vor zwei Monaten übertragen habe, noch nicht weitergekommen bist!"

Bevor ich darauf eingehe, rufe ich die E-Mail auf. Das Datum lässt meine Anspannung weiter wachsen, es bestätigt die zweimonatige Untätigkeit. Ich schlucke und greife zur Flasche. „Ich kümmere mich darum", sage ich knapp und trinke.

„Das will ich auch hoffen. Du weißt, dass deine Absicht, eine eigenständige Abteilung zu führen, an Bedingungen geknüpft war." Es folgte eine kurze Pause. „Dazu gehörte meines Wissens auch, dass du mich in meiner Tätigkeit hin und wieder entlastest."

Meine Hand drückt fest gegen das Glas der Flasche, doch diese Geste konnte die in mir aufkeimende Wut nicht bändigen. Ich schalte das Telefonat auf stumm und brülle lauthals in den Raum hinein. „Scheiße!", schreie ich.

„Also, was sagst du, wie lange brauchst du dafür?"

Wuchtig knalle ich die Flasche auf den Tisch, springe mit geballter Faust auf und schmeiße das Handy vor mich auf den Schreibtisch.

„Hast du es dir überhaupt schon angesehen?"

Mit geschlossenen Augen versuche ich meine Atmung zu kontrollieren, versuche, ruhig zu bleiben.

„Hallo? Antworte mir!"

Ich atme tief aus und ein, entspanne meine Hand wieder und setze mich zurück auf den Stuhl. *Das wird alles. Eins nach dem anderen.* Langsam beuge ich mich vor, nehme das Handy und schalte die Stummschaltung wieder aus. „Ich habe noch nicht reingesehen. Aber bevor du was sagst, ich verspreche dir, dass ich dir bis Übermorgen ein Ergebnis liefere." Ich lege einfach auf und schalte das Handy vom Vibrationsmodus auf stumm. *Wie soll ich das nur schaffen?*

Bevor ich das Handy beiseitelege, überfliege ich meine Nachrichten. *Da sollte ich antworten.* Trotz dieses Gedankens lege ich das Gerät weg und widme mich der Mail. *Alter! Wie soll ich das bis übermorgen schaffen?* Mit einer Hand schlage ich mir gegen die Stirn. *Idiot! Das ist unmöglich.* Zu allem Überfluss klingelt in diesem Moment das Telefon. Der Ton trifft mich hart. Wie ein Blitz durchfährt er meinen Körper, zuckend, brennend, schmerzend. *Genau zur richtigen Zeit.* Ich greife nach dem Hörer. Bevor ich abnehmen kann, übermannt mich ein Gefühl der Machtlosigkeit. In meinem Kopf stapeln sich die mir anvertrauten Aufgaben, türmen sich zu unüberwindbar scheinenden Bergen auf. *Ich bin am Arsch!*

Meine Hand fällt kraftlos auf die Tischplatte. *Ich will den Hörer nicht abnehmen. Ich kann den Hörer nicht abnehmen.* Mein Kopf war gefüllt mit dem Gedanken an ein Scheitern, immer wieder höre ich einen Satz, gesprochen von einer inneren Stimme: „Du schaffst das nicht!"

Ich sinke in mich zusammen, mein Kopf liegt jetzt auf der Tischkante. Das Klingeln verstummt. Und so abrupt, wie es endet, kommt eine Idee in mir auf. Eine Erinnerung an einen alten Freund. Jemand, der mir in früheren Tagen bereits helfen konnte. Jemand, der mich stark macht. Verbunden mit dem Gedanken an ihn, meldet sich aber auch eine mahnende Stimme. Eine Stimme, die ich schon immer als bedrohlich empfunden habe. Dieser Stimme habe ich mich damals gebeugt. *Ich brauche das jetzt.* In meinem Kopf kämpfen zwei Parteien gegeneinander, jede von ihnen mit Argumenten, die mich überzeugen.

„Nein, das ist keine gute Idee!", flüstere ich. Doch kaum hatte ich ausgesprochen, erschienen vor meinem inneren Auge wieder die riesig anmutenden Berge, die mich winzig erscheinen ließen. *Es ist dein letzter Ausweg. Sonst schaffst du es nicht,* flüstert eine verführerische Stimme in meinem Kopf.

„Du hast recht", antworte ich mir selbst und stehe auf. Damit war mein innerer Konflikt beendet. Ich gehe langsam durch den Raum, bis ich vor dem Sofa zum Stehen komme. Bevor ich in die Knie gehe, reibe ich meine müden Augen. Mit einer Hand ertaste ich den gesuchten Gegenstand. *Dann wollen wir mal.* Zwischen meinen Fingern halte ich ein Plastiktütchen. Die weißen

Klumpen darin versprechen mir Stärke. Stärke, die ich brauche, um meinen Aufgaben Herr zu werden. Ich lege das Tütchen auf den Beistelltisch und gehe zur Garderobe, die sich neben der Kommode befindet. Ich fingere meinen Geldbeutel aus der Innentasche. Die Bewegung, die das verursacht, weht mir einen vertrauten Duft in die Nase, der mich mitten in meiner Bewegung verharren lässt. *Du fehlst mir.* Ich greife den Mantel und drücke ihn mir gegen die Nase. Der Duft weckt eine Sehnsucht in mir, die keinen Platz in diesem Büro hat. *Es kommen bessere Zeiten. Ich will es so.* Meine Hand lässt den Stoff los und ich widme meine Gedanken wieder meinem Vorhaben.

Dann wollen wir mal. Ich setze mich aufs Sofa und entnehme meinem Geldbeutel zwei Bonuskarten. *Damit sollte es gehen.* Als das Telefon wieder klingelt, beeile ich mich, einen der Kristalle kleinzuhacken, mit Hilfe der Karten eine Linie zu formen und sie mittels eines gerollten Geldscheins in meine Nase zu befördern. Das Brennen kommt mir bekannt vor. Zufrieden lehne ich mich zurück.

Das Klingeln des Telefons ignoriere ich. Ich widme meine Aufmerksamkeit einzig und allein dem Warten. *Ich habe es vermisst.* Das Brennen in meiner Nase lässt nach und eine vertraute Taubheit überzieht mein Gesicht rund um meinen Mund. Ich stelle mir bildlich vor, wie der Wirkstoff in meine Blutbahn gelangt.

Wieder verstummte das Telefon. *Ich rufe gleich zurück. Gleich habe ich die nötige Aufmerksamkeit und Kraft dazu.* Ich bin mir der Tatsache bewusst, dass er nicht locker lassen wird, bis er all seine Pläne an mich übermittelt und meine Zustimmung erhalten hat. Aber viel wichtiger ist mir in diesem Moment, dass ich spüre, wie ich wacher werde. Ich spüre eine Kraft, die sich langsam, aber beständig in meinem Körper ausbreitet. Und mit dieser Kraft, mit diesem Gefühl der Überlegenheit, erhalte ich meine Zuversicht zurück.

Wieder klingelt das Telefon. *Du penetranter Kerl!* Der Gedanke lässt eine Erinnerung in mir wach werden. Sie bahnt sich ihren Weg von weit unten, durch Verzweiflung, aufkeimende Zuversicht und nachlassenden Wehmut, direkt in mein Bewusstsein. Lebhaft und mächtig ergreift sie Besitz von mir. Ich kämpfe nicht dagegen an, sondern lehne mich zurück und genieße sie. Meine Augen starren auf das Telefon und ich versinke in der Welt der Vergangenheit.

Kapitel 4
Erinnerungen aus meiner Vergangenheit

Ich stand vor dem Café und rauchte die letzten Züge meiner Zigarette. Vor mir liefen einige Passanten. Sie schlenderten durch die Fußgängerzone, manche von ihnen blieben vor den etlichen Schaufenstern stehen und begutachteten die ausgestellte Ware. Doch ich hatte keinen Blick dafür. Alles, woran ich dachte, war das bevorstehende Treffen. *Ich werde ihn wiedersehen.*

Ohne die Zigarette auszudrücken, warf ich den noch glimmenden Stummel in den Aschenbecher und öffnete die Tür. Warme Luft schlug mir entgegen, es roch nach gerösteten Kaffeebohnen, verschiedenen Kuchen und würzigen Tees. Ich trat ein und sah mich um. Die meisten Tische waren besetzt, lediglich in einer der hinteren Ecken war eine noch unbesetzte Sitzgelegenheit. Schnurstracks durchquerte ich den Raum, vorbei an Menschen, die lachten, sich anschmachteten oder Gespräche über ihre Arbeit führten. Eine kleine Stufe trennte mich noch von meinem Ziel, denn die letzten Tische standen auf einem Plateau. Bevor ich mich an den freien Tisch setzte, nahm ich mein Smartphone zur Hand und checkte die Uhrzeit. *Fünf Minuten zu früh. Perfekt.*

Ich setzte mich auf den nächstbesten Stuhl, stand aber direkt wieder auf. *Ich muss die Tür sehen.* Der Ecktisch befand sich in einer kleinen Nische, an der Wandseite stellte eine L-förmige Bank die Sitzgelegenheit dar. Die Polster waren weich, das Leder war abgewetzt und stellenweise rissig. Ich positionierte mich so, dass ich einen guten Blick auf die Eingangstüre hatte. Mein Smartphone legte ich, anliegend an die Tischkante, vor mich. Mit einem doppelten Tippen auf das Display erweckte ich es zum Leben und sah wieder auf die Uhrzeit. Die Anzeige hatte sich nicht geändert. Als ich so dasaß, wurde mir erst bewusst, wie aufgeregt ich war. Es war eine innere Anspannung, die sich in mir ausgebreitet hatte, die Angst, dass ich mich irrte. *Was wenn ich mich in ihm getäuscht habe? Wenn er nicht so ist, wie ich ihn wahrgenommen habe?*

Ich hatte das Verlangen nach einer weiteren Zigarette. Mein Nikotinbedarf stieg ins Unermessliche, wenn ich aufgeregt war. Mein Smartphone vibrierte. *Hat er geschrieben? Nicht, dass er abgesagt hat.* Enttäuscht musste ich feststellen, dass es lediglich eine Werbemail war. *Du musst ruhiger werden.* Mit diesem Gedanken faltete ich meine Hände und legte sie vor mir auf den Tisch, sodass sie mein Smartphone verdeckten und ich nicht in Versuchung kam, unablässig auf die Uhr zu schauen.

„Guten Tag, was kann ich dir bringen?"

Der Kellner hatte mich überrascht. In meine fahrigen Gedanken vertieft, hatte ich sein Herantreten nicht bemerkt. „Ich …", reflexartig griff ich nach der Karte, stoppte aber mitten in der Bewegung und führte den Satz weiter: „… hätte gerne ein Bier."

Die Gesichtszüge des Kellners verrieten mir seine Überraschung. „Sehr gerne."

Gerade als er sich umdrehte, setzte ich hinterher: „Nein, nicht eins, bring mir gleich zwei." Mich traf ein abschätzender Blick, den ich nicht erwiderte. *Alle schauen dumm.*

Eisern hielt ich an dem Vorhaben fest, nicht auf mein Handy zu sehen, was ein zum Scheitern verurteiltes Unterfangen war. *Oh Mann.* Ich griff nach dem Objekt der Begierde und sah ernüchternd auf den Bildschirm. *Nichts. Was hast du denn gedacht?*

„Die Dinger führen uns irgendwann in den Untergang." Ich zuckte zusammen. Wie aus dem Nichts war er aufgetaucht.

„Vielleicht", sagte ich erstaunt. Er sah auf mich herab, seine Augen waren wach, wie ich sie in Erinnerung hatte. Er stand einfach da, bewegte sich nicht und musterte mich. Sein Blick löste ein Gefühl in mir aus, dass ich bis dahin nicht kannte, ein Gefühl, bei dem es mir noch heute schwerfällt, es zu beschreiben. Man fühlte sich nackt, als würde man als Säugling vor ihm liegen. Hilflos, unfähig den überlegenen Blick zu erwidern. Gleichzeitig aber, versprach er einem, dass einem nichts geschehen würde, solange man sich ihm hingab. Für wenige Wimpernschläge gelang es mir, ihm in die Augen zu sehen. Doch dann wendete ich meinen Blick ab, deutete mit der Hand auf den gegenüberliegenden Stuhl und sagte: „Setz dich. Wir hatten Glück, viel mehr Platz ist hier nicht."

„Gerne", erwiderte er, zog seine Jacke aus und hängte sie über die Stuhllehne, bevor er sich setzte. Auch er legte sein

Smartphone vor sich auf den Tisch. Fasziniert sah ich ihm dabei zu, wie er es so ausrichtete, dass es gegenüber von meinem lag. Als er damit fertig war, fragte er: „Hast du schon bestellt?"

Ich sah an ihm vorbei, wie der Kellner hinter dem Tresen stand und zwei frisch gezapfte Biere auf ein Tablett stellte. „Ja, habe ich. Aber der Kellner sollte jeden Moment kommen."

Er nickte und murmelte: „Gut."

Alter! Warum macht er mich so nervös? Seine Anwesenheit schien mich in ein infantiles Stadium zurückzuversetzen, indem man aufgeregt ist, sobald ein mysteriöser Freund seiner Eltern zu Besuch kommt.

„Max, du bist wahrlich die interessanteste Person, der ich in letzter Zeit begegnet bin." Das sagte er mit einer Stimme, die mir zu diesem Zeitpunkt versicherte, dass es der Wahrheit entsprach.

Verlegen antwortete ich: „Ich kann dieses nur zurückgeben." *Was ist nur los mit mir?* Ich war unfähig dazu, mehr zu sagen, mir fehlten schlicht die Worte dazu. Die besagten Worte schienen ihn zu belustigen, er verzog seine Lippen zu einem kleinen Lächeln.

Der Kellner rettete mich davor, noch etwas sagen zu müssen. „Hier, die Biere." Er sah kurz zwischen mir und meinem Besuch hin und her. „Ah, du hast für deine Begleitung gleich mitbestellt."

Mit unerwartet scharfen Worten wurde er unterbrochen. „Nein, das hat er sicher nicht."

Perplex sah der Kellner erst mich an, dann seinen neuen Kunden. „Verzeih mir. Was kann ich dir bringen?" Er stellte die Biere vor mich, jedes mit einem eigenen Bierdeckel versehen und erwartete die neue Bestellung.

Merkwürdige Reaktion.

„Erst einmal, eine Frage: Wann habe ich Ihnen das Du angeboten? Und dann hätte ich gerne einen Latte macchiato, mit Sojamilch, bitte."

What the Fuck? Ich war selbst überrascht. Wäre ich an der Stelle des Kellners gestanden, wäre ich wahrscheinlich im Boden versunken. Auch er sah nicht besonders glücklich aus, presste aber eine knappe Bestätigung über die Lippen und verschwand schnellstmöglich. Verlegen sah ich vor mich auf den Tisch und griff nach einem der Biergläser. Trotzdem ich einen guten zweiten Eindruck hinterlassen wollte, trank ich es zur Hälfte aus. *Das wird helfen.*

„Jetzt ist dein Glas nur noch halb voll. Trinkst du viel?"

Zum wiederholten Mal an diesem Tag fehlten mir die Worte. „Ja." Es war mir schon immer unangenehm gewesen, wenn ich meine eigentlichen Gedanken nicht zum Ausdruck bringen konnte. *Reiß dich zusammen! Das ist ein Mensch. Genau wie du.* Ich räusperte mich und setzte nach: „Du hast mich in einer Kneipe kennengelernt, was denkst du?" Als ich genauer über seine Frage nachdachte, redete ich nochmal weiter: „Und du? Trinkst du etwa nicht?"

„Selten", kam die direkte Antwort. Mein Gesichtsausdruck musste fragend gewirkt haben, denn er redete nach einer kurzen Pause weiter: „Ich trinke nur dann, wenn es etwas zu feiern gibt. Und das gibt es in dieser Welt selten."

„Verrückter Ansatz. Ich trinke vielmehr, um diese Welt zu ertragen."

„Interessant. Also bist du unzufrieden?"

Bin ich das? Bin ich unzufrieden?

Meinen nächsten Gedanken fasste er in Worte: „Wenn du unzufrieden bist: Mit was? Was veranlasst dich dazu, zu trinken?" Ehe ich antworten konnte, fuhr er fort: „Deine fehlenden Likes auf Instagram? Die steigenden Spritpreise? Dein geringes Einkommen?" Wieder pausierte er kurz. Ich bemerkte, dass er in demselben Tonfall sprach, wie er es auch in meiner Stammkneipe getan hatte. „Es kommt darauf an, weswegen du unzufrieden bist. Unzufrieden allein ist jeder auf seine Weise. Aber ist deine Unzufriedenheit von Bedeutung?"

Es dauerte einen Moment, ehe ich begriff, dass es eine direkte Frage war. *Schade. Ich hätte ihm gerne länger zugehört.* Als ich zu sprechen begann, war das Gefühl, dass seine Worte in mir auslösten, verschwunden, was ich bedauerte: „Ich bin mit vielem unzufrieden. Kleinigkeiten, aber auch mit der Welt an sich."

Er sah mir direkt in die Augen und stützte seinen Kopf auf seiner Hand ab. Seine Augen wurden kurzzeitig schmaler, bevor er sagte: „Das war eine sehr ausweichende Antwort. Jedoch eine Gute, wenn man nichts über sich verraten will." Er räusperte sich und redete weiter: „Aber du kannst ehrlich zu mir sein. Teile deine Gedanken mit mir. Ich teile meine mit dir. Es gibt einen Grund, warum ich hier bin."

„Einen Grund?", ich kam mir dumm vor, noch bevor ich zu Ende gesprochen hatte.

„Ja, ich glaube, dass wir uns ähneln. Wir könnten gemeinsam etwas bewegen." Meine Neugier war entfesselt.

„An was denkst du?", platzte es aus mir heraus.

Er öffnete seine Lippen, doch bevor er antworten konnte, wurden wir vom Kellner unterbrochen. „Hier ist Ihr Latte Macchiato. Ich wünsche den Herren einen angenehmen Aufenthalt." Die Worte waren schnell und emotionslos gesprochen. Die Anwesenheit meines neuen Idols hatte wohl seine Laune verdorben.

„Ich denke, dass ich mich erstmal vorstellen sollte. Danach können wir reden. Um was es geht, habe ich dir bereits in der Spelunke gesagt. Ich habe aber einen Plan ausgearbeitet, von dem du Teil bist." Ich vermochte es nicht in Worte zu fassen, wie ich mich fühlte. Um es ansatzweise zu beschreiben, fielen mir nur Worte ein wie: Berauschtheit, Faszination oder unbändige und bis dato ungestillte Neugierde. Er schlürfte den Milchschaum und stellte das Kaffeeglas zurück auf den Untersetzter. Bei all seinen Handlungen sah er mich weiterhin an.

„Das hört sich gut an." Meine Worte brachten ihn zum Schmunzeln.

„Immer kurz angebunden, das gefällt mir." Er rückte seinen Stuhl etwas nach hinten. Für einen kurzen Moment dachte ich, er wolle aufstehen, stattdessen stützte er beide Ellbogen auf die Tischkante, faltete seine Hände und lehnte sein glatt rasiertes Kinn daran an. Erwartungsvoll blickte ich ihn an. Mein Herz pochte schnell und nur mit Mühe konnte ich verhindern, dass mein Bein damit begann, auf und ab zu wippen.

Seinen Worten folgte ich mit größtmöglicher Aufmerksamkeit: „Mein Name ist Paul Walter. Ich habe es mir zur Aufgabe gemacht, unzufrieden zu sein. Nicht im pessimistischen Sinne, nein, sondern im Realistischen. Wir Menschen verfügen bei all den optimalen Voraussetzungen für einen rationalen Verstand, alles andere als über diesen. Vielmehr versagen wir in jeglicher Hinsicht. Es gibt viele Probleme auf dieser Welt: ungleiche Behandlung der eigenen Artgenossen, zum Beispiel die Erniedrigung von Frauen, oder Andersfarbigen. Doch bei all den Problemen, die alleine diese Tatsache mit sich bringt, gibt es eine über allem schwebende dunkle Wolke. Unbemerkt bahnte sie sich ihren Weg durch das letzte Jahrhundert und droht nun damit über uns hereinzubrechen. Und das mit einer Macht, vor der niemand gefeit ist. Nicht der Multimillionär in seinem Tower, noch der kirchenmausarme Mann, der verdammt ist, auf der Straße ums Überleben zu kämpfen. Niemand, nicht das Kind, dass vermutlich deine Schuhe nähte, noch der Kellner, der sich in der immer mehr auf Prestige ausgerichteten Welt behaupten muss. Niemand und ich betone, niemand, kann vor der Tatsache fliehen, dass wir diesen Planeten zugrunde richten. Unsere Lebensgrundlage, unser aller Mutter, wird zerstört durch ein Geschwür namens Menschheit. Und der Großteil ist zu arrogant, zu ungebildet oder unfähig dazu, diese Tatsache zu erkennen."

Stille.

Ich blickte ihn an. Hungrig nach mehr. Und das bekam ich: „Aber ich werde dafür kämpfen. Und zwar nicht auf die falsche Art und Weise, wie es Greenpeace oder eine beschränkt denkende Greta Thunberg macht. Ich werde die Menschen zum Umdenken bringen. Nicht mit Zuckerbrot. Nicht mit Appellen an die Vernunft. Diese Chance wurde vergeben. Ich werde den Verstand, die Wahrnehmung, die zu einer Änderung notwendig ist, in die Menschen hineinprügeln. Und ich werde nicht stoppen, bis mein Ziel erreicht ist!"

Als hätte er gerade nicht die eindrucksvollste Rede geschwungen, die ich in meinem Leben bis dahin gehört hatte, nippte er an seinem Getränk. Ich spiegelte sein Verhalten und trank ebenfalls. Der Unterschied war nur, dass er maximal zwei Schlucke nahm und ich das Glas leer trank. Ich stellte das Glas ab und führte meine Hand vor den Mund. So leise wie möglich rülpste ich.

„Alter!", sagte ich und nickte, „Das war mal eine Vorstellung!"

„Ich bin noch nicht fertig. Kommen wir gleich zur Sache. Ich brauche dich, Max. Du hast mir erzählt, dass du für deinen Vater im Verlag arbeitest. Das werden wir nutzen!"

Stopp! Was? Ich atmete laut aus. Bei diesen Worten wurde mir mulmig zumute.

„Das ist dein Plan?" Im Hinterkopf hatte ich meinen griesgrämigen alten Herrn, der sicherlich nicht begeistert war, wenn ich ihm vorschlagen würde, über eben besprochenes Vorhaben zu berichten.

„Das geht nicht." Das zweite Glas wanderte an meine Lippen. *Rauchen. Ich muss rauchen.* Ich setzte das Bier ab, rutschte von der Bank und sagte: „Ich muss eine rauchen. Das überrumpelt mich, wenn ich ehrlich bin."

„Ehrlichkeit ist gut. Damit habe ich auch gerechnet."

Vergebens wartete ich darauf, dass er Anstalten machte, mir nach draußen zu folgen. „Ich bin gleich wieder da."

Paul nickte mir zu und widmete sich seinem Smartphone. Mit langsamen Schritten verließ ich das Café. Ich nahm einen tiefen Atemzug der frischen Luft. *Ich liebe die kühle Frische.* Mit einem routinierten Handgriff entnahm ich eine Zigarette aus der Schachtel, ohne sie aus meiner Tasche zu holen. Mein Sturmfeuerzeug entzündete auch bei dem leichten Wind zuverlässig den Tabak und ich genoss den ersten Zug.

Das ist unmöglich! Was hat er vor? Wie stellt er sich das vor? Ich soll ihm eine Plattform für seine Mission bieten? Bei all den kritischen Gedanken gab es auch einen Teil in mir, der Feuer und Flamme war. Doch noch bekämpfte ich ihn. *Das ist unmöglich. Oder doch nicht?* Der Gedanke an meinen Vater verdrängte meine aufkeimende Ambition, Paul vollends zu unterstützen. *Nein, das ist Wahnsinn!*

Ich nahm noch einen Zug, drückte die Kippe aus und ging wieder nach drinnen. Mit großen Schritten gelangte ich an den Tisch. Paul saß in unveränderter Haltung da, legte aber sein Smartphone weg, als ich mich wieder gegenüber von ihm an den Tisch setzte.

„Das geht nicht", sagte ich knapp.

Zu meiner Überraschung antwortete er bestimmend: „Ich weiß."

Pause.

„Aber ich weiß auch, dass ich dich umstimmen werde."

Das letzte Wort ausgesprochen, stand er auf, warf sich seine Jacke über und musterte mich wieder von oben herab. „Ruf an, wenn du wissen willst, wie!"

Das waren seine letzten Worte an diesem Tag. Jenem Tag, der mein Leben verändert hat. Es gibt keinen Tag, an dem ich nicht an diese Begegnung denke. Es war nicht meine erste merkwürdige Begegnung mit anderen Menschen. Aber keine war wie diese. Keine war so prägend für mich und mein Leben.

Kapitel 5

Erinnerungen aus meiner Vergangenheit

Der Wald um mich herum behielt seine Farbe nur dank der wenigen Lichtstrahlen, die sich ihren Weg zwischen den zahlreichen Stämmen hindurch bahnten. Ich bückte mich, löschte meine Zigarette auf dem vereisten Boden und steckte sie in die Tasche meines Wollmantels. *Was mache ich hier? Wo bleibt er?*

Im Geäst, das entlang des Wanderweges wucherte, raschelte es. Ich verharrte und versuchte, im dämmrigen Licht etwas zu erkennen. *Vielleicht eine Maus?* Als ich nach einigen Atemzügen nichts ausmachen konnte, richtete ich meinen Blick nach oben. Der Himmel war klar, Wolken formten einzigartige Gestalten. Hätte ich nicht sehnsüchtig auf Paul gewartet, hätte ich den Anblick genießen können. Doch an jenem Abend kreisten meine Gedanken um andere Dinge. *Wie will er mich überzeugen? Was will er mir zeigen?*

Stellenweise gab der Boden unter meinen Schritten knirschende Geräusche von sich. Langsam lief ich im Kreis. Meine Hände hatte ich in die Manteltaschen gesteckt, mein Atem kondensierte in der Luft und stieg in kleinen Wölkchen dem Himmel entgegen. Ich widerstand dem Drang, auf mein Handy zu sehen, dem Verlangen nach einer weiteren Zigarette erlag ich jedoch. Der

Flamme des Feuerzeugs verdankte ich eine vorübergehende Nachtblindheit. Erst nach und nach verschwammen die hellen Punkte in meinem Sichtfeld. *Auf was habe ich mich eingelassen?*

Trotzdem ich mich im Kreis bewegte, fror ich. Ohne die ohnehin schwache Sonne erhielt die Kälte raschen Einzug in das Waldstück. *Das hat noch gefehlt. Ich hätte meine Winterjacke anziehen sollen.* Meine freie Hand steckte ich zurück in die wärmende Manteltasche, was aber nicht ausreichte, um die Kälte aus meinen Gedanken zu verbannen. *Fuck! Wann kommt der?*

Ich atmete den Rauch aus, hielt die Luft an und horchte in die Dämmerung hinein. *Keine Geräusche.* Hätte das ernüchternde Ergebnis allein nicht schon ausgereicht, um meine Laune weiter in den Keller zu treiben, breitete sich mit dem Erlöschen des letzten Sonnenstrahls, die Dunkelheit um mich herum aus. Nur schwach konnte ich die Grenzen des Weges erkennen. Mittig auf der Kreuzung blieb ich stehen und spielte mit dem Gedanken, mich auf den Boden zu setzen. *Wie lange warte ich nun schon?*

Ich dachte an den Moment zurück, an dem ich Paul geschrieben hatte. Warum sich meine Neugierde zu einem nicht ignorierbaren Faktor angestaut hatte, vermochte ich, auch nach intensivem Nachdenken, nicht zu erklären. Kaum war ich zu Hause angekommen, hatte ich mein Smartphone zur Hand genommen und ihm geschrieben. Das war keine zwei Stunden nach unserem Treffen. Meine kurzgehaltene Nachricht wurde mit einem markierten Standort und einer Zeitangabe beantwortet.

Der kurze Austausch hatte gestern stattgefunden, woraufhin ich die halbe Nacht darüber nachdachte, ob es einerseits eine gute Idee gewesen war, ihm zu schreiben, und mir meine wachsende Wissbegierde andererseits den Schlaf geraubt hatte. *Bis jetzt ist das ein kompletter Reinfall.*

Ich ließ mich wieder in die Hocke sinken. Während ich die zweite Zigarette löschte und in meiner Tasche verschwinden ließ, schüttelte ich den Kopf. *Ich weiß noch nicht einmal, was genau er von mir will. Wofür braucht er meinen Vater?* Wut machte sich in mir breit. *Ich hätte mehr fragen müssen! Warum habe ich nichts gefragt?*

„Scheiße", ich sprang auf und griff jetzt doch zu meinem Smartphone. Das aufleuchtende Display blendete mich, meine Augen brauchten einen Moment, um sich an das grelle Licht zu gewöhnen. Ernüchtert stellte ich fest, dass ich keine Nachrichten erhalten hatte.

„Das ist doch Zeitverschwendung", sagte ich laut und steckte das Handy wieder ein.

„Ist das so?", kam die unverhoffte Antwort, die mich zusammenzucken ließ, dass ich für einen Moment dachte mein Herzschlag würde aussetzen.

„Paul!", entfuhr es mir und ich drehte mich energiegeladen um. Dem Blick auf mein helles Smartphonedisplay verdankte ich, dass ich mich sehr konzentrieren musste, seine Silhouette auch nur ansatzweise zu erkennen. Mit langsamen Schritten kam er näher.

„Warum schleichst du dich so an?" Ich lief ihm entgegen. „Und warum hast du mich so lange warten lassen?"

„Ich bin ganz normal gelaufen, warum du mich nicht gehört hast, weiß ich nicht. Und so lange habe ich dich auch nicht warten lassen."

„Doch das hast du. Scheiße man, es ist kalt und ich stehe hier in einem dunklen Wald rum, als würde ich es darauf anlegen, vergewaltigt zu werden."

Meine Worte sprudelten schnell und patzig aus mir heraus, seine Antwort hingegen war ruhig und bestimmend gesprochen: „Vergewaltigt wirst du hier aller Statistik nach wahrscheinlich nicht und wenn, dann werden die Spuren der Täter durch die Kälte optimal konserviert."

Seine Worte vertrieben meine Wut und entlockten mir ein leises Lachen. *Lacht er auch?* Mittlerweile war er nah genug, dass ich sein Gesicht schemenhaft erkennen konnte. *Ich glaube, er grinst.*

„Freut mich, dass du hier bist", sagte er und strecke mir zur Begrüßung die Hand entgegen. Seine Finger waren, im Gegensatz zu meinen, warm.

„Also, warum bin ich hier?", fragte ich und verstaute meine Hände nach dem kurzen Handschlag sofort wieder in meinen Taschen.

„Das ist eine gute Frage", sagte er und lief an mir vorbei. „Komm, gehen wir ein Stück."

Verwirrt folgte ich ihm nach kurzem Zögern. Als ich zu ihm aufgeschlossen hatte, begann er damit, mir meine Frage zu beantworten: „Ich will dir etwas zeigen. Dafür müssen wir allerdings ein Stück gehen. Aber es wird sich lohnen."

„Okay, ich bin gespannt."

Wir liefen schweigend nebeneinander, in meinem Kopf tummelten sich die Fragen, aber eine stach aus der unsortierten Masse heraus. Ich steckte mir eine Zigarette an und fragte trotz meiner Aufregung so beherrscht wie möglich: „Warum ich? Du wusstest nichts von meinem Vater, was auch immer du diesbezüglich vorhast. Also warum hast du dich in der Bar an meinen Tisch gesetzt?"

Bis zur Antwort vergingen zwei schnelle Züge an meiner Zigarette. „Ist das nicht offensichtlich?"

„Nicht wirklich. Ich dachte an meinen Vater und den Verlag, aber wie gesagt, du wusstest davon zunächst nichts. Oder doch?" Beim Sprechen der letzten zwei Wörter wurde meine Stimme schwächer.

Für mich war Paul eine Person, die nicht greifbar war, ein Mensch, der allwissend auf mich wirkte. Meine unsichere Frage belustigte ihn, ich erhielt, außer einem leisen Lachen, zunächst keine Antwort. *Merkwürdig.* Vergebens wartete ich auf eine gesprochene Antwort. Schweigen herrschte zwischen uns, bis ich meine Zigarette fertig geraucht hatte und der Weg eine lang gestreckte Kurve vollzog.

Abrupt blieb Paul stehen und drehte sich zu mir. „Warst du schon mal in dem Wald?"

Ich musste nicht lange überlegen, in meiner Kindheit war ich oft durch die Wälder gezogen, meistens alleine, was meinen infantilen Drang nach Abenteuern jedoch nicht im Geringsten schmälerte.

„Ja, ich kenne dieses Waldstück nur zu gut."

„Sehr schön. Dann weißt du sicherlich, wo wir gerade sind." Paul erwartete zwar eine Antwort, aber es schien mir, als wäre er von der Schnelligkeit mit der diese erfolgte überrascht gewesen.

„Ich weiß es ganz genau. Nach dieser Kurve folgt eine lange Gerade und achtet man genau auf die Bäume, kann man erkennen, dass sie immer kleiner werden. In dem Moment, in dem man erkennen kann, dass einen am Ende des Weges eine Brücke erwartet, fällt einem auf, dass man nicht auf eine Lichtung zuläuft, sondern auf ein Moor."

Ich konnte ihn schemenhaft Nicken sehen, worauf anerkennende Worte folgten: „Ganz genau!" Paul nahm unerwartet wieder Schritt auf und ich musste ihm zum zweiten Mal an diesem Abend hinterherlaufen.

„Ich verstehe nicht ganz. Was machen wir hier? Kindheitserinnerungen teilen?" Wieder erhielt ich ein kurzes Gelächter als Antwort.

Ein leichter Windzug trieb mir kalte Luft unter den Mantel, die mir eine Gänsehaut bescherten. Mit der Gänsehaut, die zuerst über meine Arme wanderte, ihren Weg bis über meinen Rücken fortsetzte, wurde ich wütend. Ich blieb stehen und griff erbost nach einer Zigarette. Der charakteristische *Klick*, dass vom Entflammen meines Feuerzeugs herrührte, veranlasste Paul zu stoppen und sich zu mir umzudrehen.

„Was ist?", fragte er.

„Ich will wissen, was wir hier machen!" Bevor er antworten konnte, sprach ich angepisst weiter: „Scheiße man, ich kenne dich nicht! Du sprichst in Rätseln und lässt mich bei der Kälte durch den Wald latschen. Ich will jetzt wissen, was du von mir willst!"

Obwohl meine Worte aggressiv gesprochen waren, erwiderte er, an Ort und Stelle verweilend, mit ruhiger Stimme: "Das wirst du gleich sehen. Komm weiter, es ist gleich so weit. Du wirst sehen, was ich meine."

Keinen Schritt machte ich. *Fick dich!* Ich inhalierte den nächsten Zug tief und drehte mich um. *Komplette Zeitverschwendung. Ich habe keinen Bock mehr.* Ich begann mich von ihm zu entfernen. Der Anblick der Bäume um mich herum, das knirschende Geräusch, dass meine Füße auf dem gefrorenen Boden verursachten, die leisen Geräusche aus dem Unterholz, dass alles machte mich sauer. *Was habe ich mir nur gedacht? Der Typ ist doch irre!*

"Wie lange warst du nicht mehr hier, Max? Wie lange hast du keine Lokalnachrichten gelesen?" Ich reagierte zunächst nicht und lief unbeeindruckt von seinen Worten weiter. "Für einen Sohn eines Verlegers liest du offensichtlich nicht viel!"

Ich blieb stehen. Die Art, mit der er seinen gesprochenen Worten Ausdruck verliehen hatte, machte mich noch wütender. *Jetzt reicht es!* Ruckartig machte ich kehrt und lief mit großen Schritten und ausgestrecktem Finger auf ihn zu.

Meine Stimme zitterte, als ich ihn anschrie: "Was ist los mit dir? Was bildest du dir ein? Du weißt nichts über mich. Absolut gar nichts!"

Stillschweigend wartete er mit einer Erwiderung, bis ich direkt vor ihm stand, mein Finger berührte seine Brust beinahe und ich wäre wahrscheinlich auf ihn losgegangen, wenn sich in diesem Moment nicht eine Stimme aus meinem Unterbewusstsein gemeldet hätte. *Erinnere dich daran, wie es war, bevor du ihn kanntest. Die Treffen mit ihm haben dir mehr gegeben, als du seit Langem von anderen bekommen hast.* Langsam senkte ich meinen Arm, meine Finger entspannten sich wieder. *Ich bin so ein Idiot!* Verlegen rauchte ich weiter.

Komm schon, sag was. Nehme mir die Qual der ersten Worte ab. Doch er ließ mich zappeln, die Pause wurde selbst durch das hastige Rauchen nicht erträglicher. Selbst durch die Dunkelheit hindurch konnte ich seine Blicke auf mir spüren, ich senkte meinen Kopf leicht und fokussierte den Reißverschluss seiner Jacke, der sich schwach vom Rest seiner Kleidung abhob.

„Bist du jetzt fertig, mit deiner kleinen Einlage? Ich verspreche dir, dass es sich für dich lohnen wird." Seine Worte erlösten mich.

„Es tut mir leid.", presste ich über die Lippen.

„Ich habe das nicht persönlich genommen. Die Wirkung haben meine Worte, Pläne und Absichten sehr oft auf Menschen." Er ging weiter. „Komm jetzt, Max. Wir haben genug Zeit verschwendet."

Verwirrt folgte ich ihm, ich hatte mit einer längeren Entschuldigungssequenz gerechnet. Die Schatten der kleiner werdenden Bäume zogen an uns vorbei und ich hing meinen Gedanken nach. *Was hat er nur an sich, dass ich ihm so vertraue?* Diese Frage konnte ich nicht beantworten, ich wusste nur, dass er mich in seinen Bann zog, wie ich es noch niemals zuvor bei jemanden erlebt hatte. Wir erreichten den Beginn des Moors und stoppten kurz vor der Brücke.

„Was ist das denn?", fragte ich verdutzt. Sie war gesperrt. Aber nicht mit einem einfachen Absperrband, wie ich es zuvor schon gesehen hatte, wenn kleinere Reparaturarbeiten an der hölzernen Konstruktion durchgeführt wurden. Nein, es war ein massiver Zaun, wie ich ihn von Großbaustellen innerhalb der Stadt kannte.

„Was zur Hölle?", entfuhr es mir, als meine Augen dem Zaun folgten, bis er in der Nacht verschwand. Paul nahm sein Smartphone zur Hand und durchbrach mit dessen Taschenlampe die Dunkelheit. Begleitet von seinen Worten, die er vorlas, fiel mein Blick auf ein Schild, das am Zaun befestigt war: Wohnen auf der Sonnenseite! Naturnah mit städtischem Flair. *Ich glaub's ja nicht!*

„Alter, ich war lange nicht mehr hier. Die legen das Moor trocken."

Fassungslos stand ich da, während Paul das Licht löschte und sein Handy wieder wegpackte. Er lehnte sich an den Zaun, ich ging in die Hocke und starrte fassungslos an ihm vorbei auf den Zaun. Ich verharrte einen Moment in dieser Position, bis sich meine Überraschung verzogen hatte und klare Gedanken wieder Einzug in mein Gehirn erhielten.

„Und was jetzt? Warum hast du mich hergebracht?"

„Du vertraust mir also wieder? Hast du nicht vor, auf mich loszugehen?" Ich schüttelte den Kopf.

„Nein. Das will ich nicht. Was hast du vor? Was hat das mit deinen Plänen zu tun?" Er hatte es geschafft, dass meine Neugier und mein Tatendrang noch stärker geworden waren. Ich hatte das Gefühl, dass er es kurz genoss, mich mit seiner herausgezögerten Antwort auf die Folter zu spannen.

„Ich will genau das!", er zeigte auf mich. „Ich will es den Leuten zeigen. Die absurde Wahrheit über die Menschheit."

Ich dachte kurz über diese Worte nach und fragte schließlich: „Und so willst du das machen? Ich meine, sind das nicht große Worte dafür, dass es sich hier nur um ein Neubaugebiet handelt? Gibt es nicht größere und wichtigere Dinge?"

Er schmunzelte nur und sprach wieder mit seiner melodischen Stimme: „Größere Dinge gibt es. Und das nicht zu knapp. Aber wichtig ist jeder noch so kleine Aufklärungsversuch. Schafft man es, den Menschen die Absurdität dieser Maßnahme hier, ein Neubaugebiet zu schaffen, in dem man ein Moor trocken legt, nahezubringen, schafft man es auch mit den größeren Dingen."

Ich stand auf und ging auf ihn zu.

„Verstehst du das?", fragte er.

„Ich verstehe", antwortete ich, streckte meine Hand aus und setzte nach: „Ich bin dabei!" Paul schlug ein und hätte ich gewusst, was dieser Handschlag bedeutete, hätte ich länger darüber nachgedacht.

Kapitel 6

Ich drücke die Tür hinter mir zu. *Perfekt. Die Putzfrau war da.* Zufrieden betrachte ich mein nun wieder sauberes und aufgeräumtes Büro, ein tiefer Atemzug befördert frische Luft in meine Lungen. Der ansonsten vorherrschende Rauchgeruch ist nicht mehr zu bemerken. Wie an jedem Arbeitstag befreie ich mich von meinem Mantel, hänge ihn an die Garderobe und streiche bevor ich in den Raum hineinlaufe noch einmal über die Innentasche. *Alles noch da.*

Ich werfe einen kurzen Blick auf die Uhr und stelle mit Wohlwollen fest, dass ich noch Zeit habe. *Perfekt. Dann kann ich ja noch etwas entspannen.* Meine Füße finden den Weg zur Kommode, ich greife nach einer Flasche Whiskey und schenke mir etwas in ein Glas. Bevor ich zum Sofa gehe, genieße ich den ersten Schluck. Es dauert etwas, bis sich das starke Aroma des Getränks gegen den frischen Minzgeschmack in meinem Mund durchsetzen kann. *Warum habe ich das scheiß Bonbon gegessen?* Ich schüttele mich vor Ekel und setze mich. Durch die Fenster fällt das helle Licht der eben aufgegangenen Sonne und ich genieße den Ausblick, während ich trinkend und rauchend dasitze. *Warum kann nicht jeder Tag so beginnen?*

Die Gedanken an die bevorstehende Arbeit verdränge ich vorerst und lasse mich tief in die Polster fallen. Ich nehme mein Handy zur Hand und checke meine E-Mails, zumindest alle, die nichts mit der Arbeit zu tun haben. Meine Augen streifen kurz die E-Mail meines Vaters und erinnern mich an die Aufgaben, die ich für ihn erledigt habe. Meine Laune verschlechtert sich sofort und ich leere das Glas in einem Zug. *Die Gläser sind einfach zu klein.* Ich seufze, lege das Handy auf den Tisch und stehe auf. *Scheiß drauf, ich hole einfach gleich die ganze Flasche.*

Als ich wieder an der Kommode angekommen bin, vibriert mein Smartphone. *Kaum bin ich in diesem Raum, geht alles den Bach runter.* Ich greife nach der angebrochenen Flasche und setze sie an die Lippen. *Gott sei Dank, habe ich dich.* Die Flüssigkeit brennt in meinem Hals, aber ich setze erst ab, als ich wieder beim Sofa bin. Ein kurzer Blick zur Uhr bestätigt mir, dass ich noch immer Zeit habe. *Keine Hektik. Ich lasse mich nicht stressen.* Ich muss bei dem Gedanken schmunzeln. „Das sollte mein Mantra werden", flüstere ich vor mich hin.

Ich greife nach dem noch immer vibrierenden Gerät. *Warum ruft sie mich an?* Ein mulmiges Gefühl steigt in mir auf. *Soll ich ran gehen?* Ich lege das Handy wieder weg. *Wenn sie so hartnäckig ist, muss es was Wichtiges sein.* Ich greife wieder nach dem Smartphone, doch in diesem Moment wird der Anruf abgebrochen. *Zum Glück.* Erleichtert entsperre ich mein Handy und lösche den Anruf in Abwesenheit aus dem Verzeichnis. *So, als wäre es nie geschehen.*

Ich greife mir eine Zigarette und trinke weiter aus der Flasche, da klingelt plötzlich das Telefon auf meinem Schreibtisch. *Das darf doch nicht wahr sein!* Schwungvoll stehe ich auf. Etwas zu schwungvoll, denn mir wird leicht schwindelig und vor meinen Augen tauchen einige schwarze Flecken auf. *Das war zu schnell.* Trotzdem setze ich meinen Weg fort und als ich den Schreibtisch erreiche, hat sich mein Blutdruck wieder normalisiert. Bevor ich auf die angezeigte Nummer schaue, befeuchte ich meine Kehle nochmal mit einem kräftigen Schluck. *Ich habe es befürchtet.* Meine Hand lege ich auf den Hörer, aber ich kann mich nicht dazu überwinden, den Anruf entgegen zu nehmen. *Nimm ab. Es ist bestimmt wichtig.* Es klingelt weiter und mit jedem Ton steigt meine innere Anspannung. *Nimm jetzt ab!* Ich reiße den Hörer an mein Ohr und sage knapp: „Was gibts?"

Sie antwortet mir ebenfalls kurz: „Etwas Wichtiges." Die Stimme der Anruferin löst Gefühle in mir aus, die ich normalerweise Unterdrücke. Es war eine Mischung zwischen einem Gefühl, dass mein Herz voller Erregung hüpfen lässt und einem, dass mich fast dazu veranlasst, den Hörer mitsamt dem Telefon auf den Boden zu werfen und es kaputt zu treten. *Was hat das zu bedeuten?* Überfordert mit meiner Gefühlswelt atme ich mehrmals ein und aus und versuche meine, sich überschlagenden Gedanken zu ordnen.

„Bist du noch dran?", fragt sie und unterbricht das wilde Bombardement aus Gefühlen und Erinnerungen, dass sie in mir auslöst. Zurück bleibt eine Leere in mir, die ich nicht ohne Hilfe bekämpfen kann.

Kraftlos flüstere ich in den Hörer: „Ich rufe dich gleich auf dem Handy zurück." Ich lege auf und schaue auf die Whiskeyflasche. *Du wirst mir nicht helfen können, meiner*

Gefühle Herr zu werden. Langsam drehe ich mich um. *Es gibt nur eine Sache auf dieser Welt, die mir helfen kann.* Langsam gehe ich zur Garderobe. *Mach das nicht nochmal.* Ein Teil in mir kämpft gegen den Drang an, der sich in meinem Körper breitmacht und verspricht, die Leere in mir, das Gefühl der Machtlosigkeit und meine Verzweiflung, zu bekämpfen. Aber mit jedem Schritt wächst meine Zuversicht, das Richtige zu tun. Die leise Stimme, die mich warnt, abermals vom verbotenen Nektar zu kosten, wird leiser und leiser. *Nur du kannst mir helfen.*

Ich erreiche meinen Mantel und taste in der Innentasche nach dem Tütchen. *Dafür habe ich dich schließlich bezahlt.* Leise lache ich über meinen eigenen Witz, während ich das gesuchte Objekt aus dem Mantel nehme und es auf Augenhöhe vor mich halte. Der Anblick allein verschafft mir ein Gefühl der Überlegenheit. Es ließ den Abgrund, in den ich vor ein paar Augenblicken gefallen war, nicht mehr allzu bedrohlich erscheinen. Ich löse meinen Blick und entnehme meinem Portemonnaie dieselben Karten wie beim letzten Mal. *Dann wollen wir mal.*

Das Tütchen fest umschließend, laufe ich zum Sofa. Ungeniert lege ich mir mehrere Lines auf der Mitte des Tisches und rotze mir zwei hintereinander in den Kopf. Zwischen Daumen und Zeigefinger reibe ich mir beide Nasenflügel. Mit einem breiten Lächeln bemerke ich, wie mein Gesicht, ausgehend von der Nase, nach und nach taub wird. *Scheint geiles Zeug zu sein.* Ich zünde mir eine Zigarette an und lehne mich zurück. *So ist die Welt doch einfacher zu ertragen.*

Ich sehe aus dem Fenster und beobachte in einem der nahestehenden Bäume einen Vogel, der von Ast zu Ast hüpft. *Ich würde gerne mit dir tauschen, kleiner Freund. Deine Welt scheint so unbeschwert zu sein. Du machst einfach dein Ding, keiner stört dich dabei. Du hast keine Probleme, die schwerer zu wiegen scheinen als die Welt an sich.* Meine aufgerauchte Zigarette lenkt mich von meinem selbst ernannten Freund ab. Als ich sie im Aschenbecher ausdrücke, fällt mein Blick auf mein Handy. *Scheiße. Das habe ich wohl vergessen.*

Der Gedanke an mein Versprechen zurückzurufen, erfüllte mich noch immer mit Unbehagen. Die Situation erschien mir mit der wachsenden Wirkung des Stoffes aber nicht mehr unerträglich. *Auf gehts!* Ich rufe die Kontakte auf und scrolle bis zum gewünschten Namen runter: Helena. Es vergeht lediglich ein Rufton, ehe sie abnimmt.

„Hast du Zeit?", kam direkt die Frage.

„Nein, ich habe heute viele Termine." Am anderen Ende höre ich ihr starkes Ausatmen.

„Was für Termine? Sag sie ab!"

Ich lache und sage betont belustigt: „Absagen? Ich soll zwei Telefonkonferenzen mit Paul absagen und den damit verbundenen Haufen Arbeit einfach ignorieren, um mit dir zu reden?"

Schweigen.

Nachdem nach Sekunden keine Antwort kommt, rede ich weiter: „Sag mir, was du willst, ich habe vielleicht Übermorgen Zeit für dich. Dann werden wir …", mitten im Satz bricht die Verbindung ab.

Aufgelegt.

Was zur Hölle?
Ich schaue auf die Uhr. *Geil. Jetzt hat die Alte meine Zeit komplett verschwendet.* Genervt werfe ich das Handy neben mich, beuge mich nach vorne und jage mir eine weitere Line in meine Nase.

Ich stehe auf und laufe zur Kommode, der ich eine Flasche Wasser entnehme und sie halb leer trinke. Es klopft an der Tür. Ich zucke zusammen und drehe mich überrascht zur Tür. *Fuck!*

Ich drehe mich um und schaue direkt auf die verbliebenen Lines, die noch auf dem Tisch liegen. *Wer ist das? Die Putzfrau war doch schon da!* Ich bekomme Angst. Mein Herz, durch den weißen Muntermacher sowieso schnell und kräftig schlagend, beginnt zu rasen. *Wenn das Paul ist, bin ich am Arsch.* Ich streife mir durch die Haare und gehe in die Hocke.

Nein, er kommt niemals unangemeldet. Und er war schon ewig nicht mehr da. Außerdem haben wir heute ja Telkos. Ich springe auf und laufe schnell zum Beistelltisch. *Wer ist das dann?*

Gerade nehme ich ein Sofakissen auf, um den Anblick notdürftig zu überdecken, als ich mitten in der Bewegung innehalte. *Sie ist es. Natürlich.* Ich werfe das Kissen zurück auf seinen Platz und laufe zum Schreibtisch. Mein Herz schlägt noch immer schnell, aber nicht aus Angst vor dem Unbekannten.

Ich greife nach der Whiskeyflasche und rufe, bevor ich trinke: „Komm rein!" Ich drehe mich nicht um, als ich höre, wie die Tür aufschwingt. *Wie soll ich mich nur verhalten?*

„Wie ich sehe, lässt du es wieder krachen!" Ihre Stimme nicht durch einen Lautsprecher, sondern im Originalen zu hören, lässt mich leicht zusammenzucken. „Hattest du dem Zeug nicht abgeschworen?"

Ich räuspere mich, drehe mich um und lasse die Flasche, bemüht darum lässig zu wirken, am langen Arm mit jeder Bewegung mitschwingen, als ich langsam in den Raum hineinlaufe.

„Das wollte ich", sind die einzigen Worte, die mir bei ihrem Anblick noch über die Lippen kommen.

Sie sieht genauso aus, wie ich sie in Erinnerung habe. Schulterlange, gelockte Haare, fallen ihr auf die nackten Schultern. Ihre grünen Augen sehen mich direkt an, woraufhin ich meinen Blick senke und vor ihr auf den Boden schaue.

Was macht sie hier? Warum ist sie gekommen?

Alles Kokain der Welt hätte nicht vermocht, die in mir aufsteigenden Erinnerungen und mich sturmflutartig übermannenden Gefühle aufzuhalten. Ich kann nichts dagegen tun.

Ein Ruck durchfährt meinen Körper, ein Kloß bildet sich in meinem Hals und ich flüstere: „Was willst du hier, Helena?"

Ich weiß nicht, ob sie bemerkt hat, wie sehr ich gerade mit mir selbst kämpfe, aber sie antwortet mir mit derselben Tonlage wie eben: „Es geht um Paul. Ich brauche deine Hilfe."

Die Worte trafen mich wie ein Geschoss, hart und unbarmherzig. Mein Hals zieht sich zu, Tränen steigen mir in die Augen. Reflexartig drehe ich mich weg und beeile mich damit, aus der Flasche zu trinken, ehe ich anfangen muss zu weinen. Sie lässt sich davon aber nicht beeindrucken, ihre Lippen sind die Waffen, die sie weiter auf mich richtet.

Mich treffen weitere Projektile: „Max, du musst mir helfen. Du kennst ihn am besten. Es geht um unsere Beziehung."

Ich beiße mir so stark auf die Zunge, dass sie taub wird und mir der Schmerz weitere Tränen in die Augen treibt. *Fuck!* Ich trinke einen weiteren Schluck und schließe meine Augen. *Reiß dich zusammen!*

„Max?"

Ich atme kontrolliert, konzentriere mich auf meine Atemzüge und drängte das verzweifelte Feuerwerk der Gefühle nach und nach in den Abgrund zurück, aus dem sie emporgestiegen waren. *So ist es gut. Weiter.* Langsam öffne ich meine Augen, nehme nochmal einen Schluck Whiskey und wische mir meine Tränen aus dem Augenwinkel. *Jetzt geht es wieder.*

„Und dann kommst du zu mir? Warum sollte ich dir helfen?" Meine Stimme bebt zu Beginn noch etwas, doch im letzten Teil des Satzes finde ich zu einer stabilen Tonlage zurück.

„Ich erkenne ihn nicht wieder. Max, er ist nicht mehr wie früher. Weder mir gegenüber noch unserer Mission."

Während sie antwortet, drehe ich mich zu ihr um und laufe an ihr vorbei, wobei mein Blick den ihren findet und ich mich für den Bruchteil einer Sekunde in ihren wunderschön anmutenden Augen verliere. Ich knie mich vor den Tisch und ziehe eine weitere Line.

Ich antworte erst, als das Brennen in meiner Nase nachlässt. „Setz dich."

Sie kommt meiner Aufforderung zögernd nach. Sie sitzt mir gegenüber und schaut mich aus leicht erhöhter Position an. Ich betrachte ihr Gesicht genauer. Erst jetzt fällt mir auf, dass ihre Augen gerötet sind.

„Du hast geweint", fährt es aus mir hinaus. Der Anblick macht mich traurig und für einen Moment befürchte ich, dass ich einem erneuten Gefühlsausbruch erliegen werde.

„Du hast auch geweint. Zumindest warst du kurz davor, oder nicht?!", spricht sie mit scharfer Stimme.

Ich halte mich am Beistelltisch fest und stehe wieder auf.

„Ist ja gut, das war nicht böse gemeint." Ich versuche, versöhnlich zu klingen. Ihrem Gesichtsausdruck nach gelingt mir das auch.

Wieder verliere ich mich kurz in ihren Augen. *Ich kann ihr keinen Wunsch ausschlagen.* Ich reiße mich von ihrem Anblick mit einer ruckartigen Kopfbewegung los und greife nach der Schachtel Zigaretten.

„Auch eine?", frage ich, ohne sie dabei anzuschauen.

„Gerne."

Ich entnehme zwei Kippen, stecke sie mir zwischen die Lippen und zünde sie an. Aus dem Augenwinkel sehe ich, dass sie nickt, als sie eine der Zigaretten aus meinen Fingern nimmt, die ich ihr entgegenstrecke.

„Ich werde dir helfen. Warte kurz." Ich gehe zum Telefon und rufe Paul an. Das Telefonat dauert nicht lange, aber seinen Worten nach zu urteilen, wird die kurzfristige Absage der Konferenzen Konsequenzen für mich haben. Auf dem Weg zurück zum Sofa nehme ich ein Glas von der Kommode, dass ich mit ihrem Lieblingsgetränk fülle und vor sie stelle.

„Es ist doch was geblieben", sagt sie lächelnd, bevor sie an ihrem Glas nippte.

Bitte lass das!

Mit so viel Abstand wie möglich setze ich mich, leicht eingedreht und sehe sie an.

„Also, was ist los? Wie kann ich dir helfen?"

Sie streicht sich mit ihrer Hand übers Kinn, neigt ihren Kopf von der einen auf die andere Seite und zeigt schließlich auf das Kokain.

„Darf ich?"

Ich nicke lediglich und beobachte, wie Helena zwei Lines zu einer zusammenschob, den Geldschein ansetzte und die volle Ladung in ihre zierliche Stupsnase zog. Ihr Anblick stellt meine Welt auf den Kopf. *Sie ist so unendlich hübsch.* Der Gedanke lässt eine Erinnerung in mir wach werden. Sie bahnt sich ihren Weg von weit unten, durch Verzweiflung, aufkeimende Neugierde auf das Gespräch, das folgen wird und wachsenden Wehmut, direkt in mein Bewusstsein. Lebhaft und mächtig ergreift er Besitz von mir. Ich kämpfe nicht dagegen an, sondern lehne mich zurück. Meine Augen sind auf sie gerichtet und ich versinke in der Welt der Vergangenheit.

Kapitel 7

Erinnerungen aus meiner Vergangenheit

Unsanft riss mich der Wecker aus dem Schlaf. Ich tastete nach meinem Handy und stoppte schlaftrunken den nervenden Ton. Seufzend ließ ich meinen Oberkörper zurück ins Bett fallen. *Das ist viel zu früh für mich.* Ich rieb mir über die Augen und schwang meine Beine über die Bettkante. Es war ein wichtiger Tag für mich, trotzdem hielt sich meine Begeisterung zunächst in Grenzen. Wehleidig schaute ich zurück auf mein Kissen. *Wie gerne würde ich einfach weiterschlafen.* Ich gönnte mir und meinem Körper noch einige Sekunden Ruhe, ehe ich aufstand.

„Ich brauche dringend eine neue Matratze", murmelte ich und rieb mir einhändig über die Lendenwirbel.

Auf dem Weg zur Tür überstiegen meine nackten Füße die Kleidungsstücke des Vortags. Gestern Nacht war ich zu müde gewesen, um mich ordentlich auszuziehen. Bevor ich die Tür öffnete, kniff ich meine Augen zusammen. *Ist das hell!*

Erst jetzt bemerkte ich, dass mein Schädel von einem pochenden Kopfschmerz malträtiert wurde, weswegen ich kurz vor der Badtür abdrehte und durch den kurzen Flur ins Wohnzimmer lief. Aus einem Wandschrank entnahm ich zwei Tabletten, die ich mir auf dem Weg zum

Zähneputzen sofort einverleibte. Nach einer kurzen Dusche kleidete ich mich an, nahm mein Smartphone zur Hand und lief zurück ins Wohnzimmer. Zielstrebig begab ich mich in die Ecke, die mit einer L-förmigen Küchenzeile bebaut war und startete meinen Kaffeevollautomaten. Während das schwarze Gold in einen Becher plätscherte, kontrollierte ich die Uhrzeit. *Noch ein paar Minuten.*

Ich steckte das Handy in die Hosentasche, nahm den Kaffeebecher und lief ins Schlafzimmer. Dort öffnete ich den Rollladen. Summend wurden die Paneele nach oben gezogen und offenbarten Stück für Stück den kleinen Balkon. *Was für ein Sonnenuntergang!* Mit meinen Zigaretten bewaffnet trat ich nach draußen. Die letzten Sonnenstrahlen trafen mein Gesicht, die Luft war kühl. *Sehr schön.*

Rauchend genoss ich die Aussicht über das Feld in einiger Entfernung, dass von einer leichten Schneedecke bedeckt war. Die Wege wurden von Spaziergängern genutzt, manche von ihnen führten ihren Hund aus, andere waren mit ihren Kindern unterwegs. *Es wirkt alles so unbeschwert.* Meine Augen ruhten auf einem Kind, dass lachend vor seinem Vater wegrannte. *Warum kann man die Welt nicht nur von dieser Seite aus betrachten?* Ich nippte an meinem Kaffee. *Warum kann das nicht die einzige Wahrheit sein?*

Der schrille Ton meiner Türklingel beendete meinen philosophischen Ausflug. *Er ist da.* Ich gönnte mir noch einen letzten Zug, bevor ich zur Wohnungstür eilte. Ohne die Sprechanlage zu benutzen, betätigte ich den Türöffner.

Gestern hatten wir telefoniert, er kannte die Einzelheiten meiner Wohnsituation, ohne jemals zuvor dagewesen zu sein. Das Klingeln allein hatte bereits ausgereicht, um meinen Puls zu beschleunigen, doch als ich die Türklinke betätigte, bemerkte ich, dass meine Finger leicht zitterten. *Das wird schon werden.*

Ich atmete tief durch und zog die Tür auf. So lässig wie möglich lehnte ich mich an den Türrahmen und lauschte den näherkommenden Schritten.

„Hättest du nicht die Erdgeschosswohnung beziehen können?", fragte er, seinen Mundwinkel zu einem Lächeln nach oben gezogen. Paul nahm die letzten Stufen mit einem großen Schritt und begrüßte mich mit einem Handschlag.

„Die konnte ich mir nicht leisten. Und außerdem tut dir etwas sportliche Betätigung gut!", scherzte ich und bat ihn mit einer Geste herein. Ich schloss die Tür und beobachtete ihn dabei, wie er mitten im Raum stehen blieb und sich umsah. Er kam mir vor, wie ein Mitarbeiter der Spurensicherung, der überlegte, an welcher Stelle ich wohl mein Mordwerkzeug versteckt habe.

Nachdem er sich einmal im Kreis gedreht hatte, sagte er: „Anders, als ich es mir vorgestellt habe."

„Was hast du dir denn vorgestellt?", fragte ich und ging zur Küchenzeile.

„Na ja, etwas spektakulärer. Und unordentlicher."

„Spektakulärer? Wie wohnst du denn?"

Paul drehte sich zu mir und antwortete lächelnd: „Ähnlich. Ich habe es mir nur anders vorgestellt, schlecht finde ich es nicht."

Ich fragte nicht weiter nach, sondern deutete auf die Kaffeemaschine. „Kaffee?"

„Gerne. Hast du Sojamilch da? Oder irgendeine andere pflanzliche Milch?"

Ich schüttelte den Kopf und antwortete: „Ich habe gar keine Milch da."

„Dann schwarz."

Ich bereitete ihm einen Kaffee zu, wobei er mich die ganze Zeit beobachtete.

„Also, was hast du für mich?"

Kopfschüttelnd antwortete ich: „Nicht so schnell, eins nach dem anderen. Erst der Kaffee, dann das Geschäft." Er schenkte mir ein weiteres Lächeln und wartete, bis ich ihm seinen Kaffeebecher in die Hand drückte. Meinen eigenen Becher nahm ich mit und lief durch den Raum.

„Komm mit", sagte ich knapp und nahm die erste Tür des Flurs. Dahinter verbarg sich mein Arbeitszimmer.

Den Schreibtisch hatte ich in die Mitte des Raums gestellt, der aufgeklappte Bildschirm meines Notebooks zeigte mit der Rückseite zur Tür. Neben dem Tisch stand meine einzige Pflanze, ein schöner Kontrast zum dunklen Holz der Tischplatte. Vor den Tisch hatte ich vergangene Nacht noch einen Stuhl gestellt, auf den ich jetzt zeigte.

„Setz dich." Ich selbst ging um den Tisch herum und setzte mich in meinen Bürostuhl. Bevor ich mich zurücklehnte, klappte ich das Notebook zu und griff nach einer Konferenzmappe. Seine Augen ruhten auf mir, beobachteten jede meiner Bewegungen, was meine Nervosität steigerte. *Ich brauche eine Zigarette.*

Gleichzeitig mit dem schwungvollen Aufklappen der Mappe versuchte ich meine Gedanken zu ordnen und meine angespannte Gefühlslage zu verdrängen. *Ich schaffe das. Ich habe das schon unzählige Male in schlechterer Gesellschaft über die Bühne gebracht.*

„Du überraschst mich", sagte Paul. Seine Worte waren wie das Zünglein an der Waage, dass alle Anspannung verfliegen ließ.

„Gut. Aber jetzt wollen wir uns meinen Plänen widmen." Ich genoss den kurzen Moment, als Paul die Stirn runzelte und sprach weiter: „Ich habe mir bezüglich deines Plans Gedanken gemacht. Und ich kam zu dem Schluss, dass wir das nicht alleine schaffen."

„Das ist mir klar. Ich ..."

„Lass mich aussprechen.", er wirkte in Anbetracht meiner scharf gesprochenen Worte überrascht, deutete mir aber mit einer Geste an, weiter zu reden. „Ich habe während meines Studiums jemanden kennengelernt, der uns helfen könnte. Sie ist Journalistin, aktuell arbeitslos und fährt total auf diesen ganzen veganen Lifestyle ab. Ich denke, sie wäre leicht von unserer Sache zu überzeugen. Und eine Journalistin würde sich bestimmt gut in unser Team integrieren lassen."

In Gedanken hakte ich den ersten Punkt meiner ausgedruckten Agenda ab und sah ihn voller Erwartung an. Er ließ sich mit seiner Antwort Zeit. *Was geht in seinem Kopf vor?* Ich versuchte, seine Mimik zu deuten. War es Ablehnung oder Einverständnis?

Er räusperte sich, bevor er sagte: „Das ist eine gute Idee. Aber mir missfällt deine Betonung auf den veganen Lifestyle."

„Warum das?", platzte es förmlich aus mir heraus.

„Weil das nicht das ist, worum es geht. Es geht darum, die Natur als Gesamtes zu sehen. Wie viele selbst ernannte Weltretter habe ich schon gesehen? Nur weil jemand vegan lebt, ist er nichts Besseres als all die anderen unwissenden Seelen auf der Erde."

Ich war überrascht über die Antwort. Trotzdem dachte ich zu diesem Zeitpunkt nicht weiter darüber nach, sondern behielt mein Ziel im Auge.

„Okay, das kann sein. Dennoch ist sie meiner Meinung nach Erfolg versprechend. Ihre Fähigkeiten könnten uns dabei helfen, deine Pläne umzusetzen."

Er schwieg erneut, lehnte sich nach vorne und rieb sich die Schläfen. In Anbetracht dieser Geste fiel mir auf, dass meine Kopfschmerzen weg waren.

Als er zu sprechen begann, bebte seine Stimme leicht: „Doch, das ist gut. Sehr gut." Seine Augen, plötzlich strahlend, fokussierten mich, als er weitersprach: „Ich bin wirklich beeindruckt. Ich habe mich nicht getäuscht."

„Das war noch nicht alles", sagte ich. Meine betont beiläufig gesprochenen Worte verfehlten ihre Absicht nicht.

„Was hast du noch?" Die Worte verwirrten mich. Der Mensch, den ich stets gefasst und in wissender Überlegenheit erlebt hatte, sprach aufgeregt und beinahe ekstatisch.

Ich warf einen kurzen Blick auf die nächsten Punkte. „Heute steigt eine Party bei ihr. Um acht gehts los. Deswegen habe ich dich gebeten, etwas Ordentliches anzuziehen."

Er strahlte mich an. „Okay, das ist gut. Das ist sehr gut. Hast du noch was in deinen Notizen, was mich so umhaut?"

Ich winkte ab. „Hier steht nur ein Plan, eine grobe Skizze eines Gesprächsverlaufs und wie wir sie catchen könnten." Demonstrativ schlug ich die Mappe zu. Deren folgender Inhalt war sowieso in meinem Kopf gespeichert. Ich trank einen Schluck Kaffee und stand auf.

„Wir sollten demnächst los, sie wohnt etwas außerhalb und ich will kein Taxi bezahlen. Jedenfalls nicht für den Hinweg."

Er spiegelte mein Verhalten, nippte an seinem Becher und stand ebenfalls auf. Seine Stimme war wieder ruhig, als er fragte: „Wo genau wohnt sie denn?"

„Im Bonzenviertel. Ihre Mutter ist reich und gerade mit ihrem Daddy im Urlaub."

Er nickte. Ich wollte gerade an ihm vorbeigehen, als er seine Hände auf meine Schultern legte. Eindringlich flüsterte er: „Danke, Max. Ich wusste, dass du der Richtige für diese Sache bist. Aber heute hast du mich überrascht. Und es ist nicht leicht, mich zu überraschen."

Die Worte der Anerkennung zauberten mir ein Lächeln aufs Gesicht, wichtiger aber waren die tiefgründigen Gefühle, die sie in mir auslösten. Sie riefen in mir Erinnerungen an Momente hervor, in denen ich mich nach jener Anerkennung gesehnt hatte. Heute frage ich mich, ob es jemals in Relation stand. Die guttuenden Worte, die ich mit den Wunden bezahlte, die sie wieder aufrissen. Aber in diesem Moment verkörperte er alles, nach dem ich mich sehnte. Ich nickte und befreite mich von seiner Hand, indem ich mich wegdrehte und das Zimmer verließ. Mit wenigen Schlucken leerte ich den lauwarmen Kaffee und stellte den Becher neben die Spüle.

Paul war mir gefolgt, stand angelehnt an die Küchenzeile und trank ebenfalls den Kaffee leer. Währenddessen schwiegen wir. Ich nahm ihm das Behältnis ab und ging zu einem kleinen Schuhregal. Passend zu meinem komplett in Schwarz gehaltenen Outfit, griff ich nach schwarzen Sneakern, die silberne Akzente besaßen.

„Gehts los?", fragte ich und brach das mir immer unangenehmer werdende Schweigen.

„Ich bin bereit", antwortete er und öffnete die Tür.

„Warte!", rief ich und rannte in mein Schlafzimmer. Auf dem Bett lag meine Zigarettenschachtel, die ich mitsamt meinem Feuerzeug einsteckte. Aus dem doppelflügeligen Kleiderschrank griff ich eine dicke Winterjacke. *Ich brauche dringend eine Garderobe.* Immer wenn ich zurück in mein Schlafzimmer laufen musste, um mir eine Jacke zu holen, wurde mir bewusst, wie schwachsinnig es gewesen war, bei meinem Einzug auf eine Garderobe neben der Tür zu verzichten.

Paul wartete im Hausflur auf mich. Ich steckte meine Schlüssel ein, schloss die Tür zweimal ab und verließ gemeinsam mit ihm das Haus.

Während der nun folgenden Busfahrten redeten wir hauptsächlich über Belanglosigkeiten. Ernüchtert musste ich feststellen, dass mein Versuch, ihn auf diese Weise besser kennenzulernen, gescheitert war. Als der Bus uns an der Zielhaltestelle abgesetzt hatte, zündete ich mir eine Zigarette an.

„Du rauchst ziemlich viel, weißt du das?", sagte er.

Da seine Stimme frei von Vorwürfen war, antwortete ich gelassen darauf: „Ich weiß. Ein Laster muss jeder haben." Paul lachte, mittlerweile hatte ich gemerkt, dass ihn Floskeln zu belustigen schienen.

„Wir müssen hier lang." Ich lief voran, er bemühte sich mit meinen großen Schritten mitzuhalten.

„Freust du dich, oder warum rennst du so?"

„Ein bisschen.", sagte ich provokant, „Du dich etwa nicht?"

„Ich bin gespannt auf die Person, die du mir vorstellen wirst. Auf die Party habe ich eher weniger Lust." *Er ist einfach ein merkwürdiger Vogel.*

Trotz meines Gedankens verzogen sich meine Lippen zu einem schwachen Lächeln. Wir bogen in eine schmale Straße, die geradewegs zu einem Haus führte, dass in einiger Entfernung zu erkennen war. Es war hell erleuchtet, aus manchen Fenstern drangen Lichteffekte.

Musik war zu hören und Paul flüsterte neben mir: „Das kann ja was werden." Ich ging nicht näher auf seinen Kommentar ein, sondern gab mich ganz dem Kribbeln der freudigen Erwartung hin.

Je näher wir kamen, desto mehr wurde mir bewusst, dass es sich nicht um ein einfaches Haus handelte, es war ein Anwesen. Die Größe des Komplexes beeindruckte mich, obwohl ich mir durchaus bewusst gewesen war, dass ihre

Besitzer wohlhabend waren. Es wirkte auf mich, wie ein ehemaliger Adelssitz, es glich einem Lustschloss aus märchenhaften Erzählungen. Die Außenmauern glichen denen einer Burg, kleine Türme zierten die Ecken des Gebäudes.

„Alter!", flüsterte ich, als wir auf dem gepflasterten Hof ankamen, dessen Mitte durch einen Springbrunnen markiert war. „Das ist mal ein Haus, oder?"

Pauls Blick wanderte von dem Gebäude zu mir.

„So kann man das auch nennen." Ich konnte verzerrte Stimmen hören, viele Gestalten tummelten sich an den Fenstern. Die Party schien hauptsächlich im Erdgeschoss stattzufinden.

„Komm, gehen wir rein. Hoffentlich finden wir die besagte Dame in dem ganzen Getümmel." Paul lief los, ich folgte und betätigte die Klingel.

„Das hört bestimmt niemand." Er sprach meinen Gedanken aus. Ich betätigte die Klingel erneut und wider Erwarten wurde die massive Holztür geöffnet. Ein Junge, er war vielleicht gerade volljährig, stand schwankend vor uns. In der Hand hielt er eine Zigarette.

„Was wollt ihr denn hier?", lallte er.

Paul ergriff das Wort: „Ist die Dame des Hauses zu sprechen? Wir haben eine Verabredung."

Prustend traf uns ein Schwall schwer zu verstehender Worte, aus denen ich aber Ablehnung und Streitsucht heraushörte. Als Paul ansetzte, erneut etwas zu sagen, schob ich mich vor ihn, entriss dem Jungen die Zigarette und sagte: „Die Gastgeberin ist eine Freundin von mir. Geh beiseite und begib dich wieder zu deinen kleinen, belanglosen Freunden." Ich sah in ein verdutztes Gesicht, zog Paul am Arm, schob unser Begrüßungskomitee beiseite und betrat die Villa.

Der Eingangsbereich war größer als meine Wohnung, von der Decke hing ein prunkvoller Kronleuchter und der Parkettboden wurde zum Großteil von einem dicken Teppich bedeckt. Überall standen Menschen. Die meisten gruppenweise, nur manche saßen oder lehnten alleine an den Wänden.

„Wie finden wir die jetzt? Und denkst du nicht, dass es Konsequenzen haben wird, wie du mit dem Typen gesprochen hast?" Ich drehte mich zu Paul. Seine Mimik verriet mir, dass er das Gesagte wirklich ernst meinte.

Ich lachte. „Das ist wirklich dein Ernst, oder? Paul, du planst die Rettung des Planeten, schwingst in Bars ergreifende Reden und eine einfache, teenagergetränkte Hausparty verunsichert dich?"

„Ich hasse Menschenmengen.", die kurze Antwort ließ mich zum wiederholten Mal schmunzeln.

„Komm, bringen wir dich weg hier." Ich versuchte, mir einen Überblick zu verschaffen, spähte nach meiner Bekanntschaft, doch in den vielen Gruppen konnte ich kein einziges vertrautes Gesicht erkennen. Kurzerhand tippte ich dem nächstbesten auf die Schulter. Es war ein junger Mann, etwa in meinem Alter, der sich zu mir umdrehte.

„Weißt du, wo die Gastgeberin ist?"

Der Mann schüttelte den Kopf, sagte aber: „Schau mal oben nach. Da sind die ruhigeren Gespräche." Ein neuer Song ertönte und er drehte sich wieder zu seiner Gruppe, hob die geballte Faust in die Luft und begann mit einem ausgiebigen Headbangen, gefolgt von einem unbeschreiblichen Gezappel.

„Alles klar", sagte ich, warf einen kurzen Blick über die Schulter und lief zur Treppe, nachdem ich mich von Pauls Anwesenheit überzeugt hatte. An einem Pärchen vorbei, dass in intensive Liebeleien vertieft war, gelangten wir in das erste Obergeschoss.

Kapitel 8

Erinnerungen aus meiner Vergangenheit

„Nein!" Obwohl die Worte leise gesprochen waren, trafen sie mich mit einer unbarmherzigen Härte.

„Nein?", wiederholte ich zögerlich und wartete auf eine Erklärung, die nach wenigen Sekunden schließlich folgte.

„Das ist Wahnsinn. Hast du, nein, habt ihr wirklich geglaubt, dass ich euch helfe die Welt als Ökoterroristin unsicher zu machen?" Sie untermauerte ihre Worte mit ausladenden Gesten.

„Ich weiß nicht, ob du uns richtig zugehört hast. Wir wollen keine Gebäude in die Luft jagen oder Menschen massakrieren."

„Ach ja? Darauf läuft es doch hinaus. Oder etwa nicht? Was ist denn, wenn ihr es nicht schafft, dass euch die Leute zuhören? Wie wollt ihr denn die nötige Aufmerksamkeit bekommen?"

Ich drehte meinen Kopf zu Paul und erwartete Hilfe in Form einer unwiderstehlichen Rede. Doch er schüttelte nur den Kopf und blickte mich anklagend an. *Scheiße!*

Bevor ich weitersprach, sah ich mich nach etwas zu trinken um. Wir saßen auf einer Sitzgarnitur, vier Sessel standen um einen Glastisch herum. Paul und ich saßen ihr gegenüber. Zu meiner Enttäuschung konnte ich in dem großzügigen Raum, der allem Anschein nach ein Lesezimmer darstellte, nichts Trinkbares finden.

„Hallo? Willst du mir mal antworten?"

Bevor ich ihrer Aufforderung nachkam, zündete ich mir unter ihren mürrisch dreinblickenden Augen eine Zigarette an. „Wie gesagt, solche drastischen Maßnahmen liegen uns fern. Es geht hier um eine Aufklärungskampagne. Klar, vielleicht infiltrieren wir mal einen Mastbetrieb oder hissen auf einer kritischen Baustelle ein paar Banner. Aber wir wollen damit aufklären und keinen Menschen Gewalt antun."

Meine Worte verfehlten ihre beschwichtigende Absicht, weswegen ich nachsetzte: „Komm schon, Nadja. Du würdest gut zu uns passen. Die Umwelt liegt dir am Herzen, du bist eine gute Texterin. Du würdest uns nur bereichern. Und wer weiß, vielleicht klappt das ja alles und du hast einen guten Job. Du ..." Ihr lachen unterbrach mich.

Mit dem Finger zeigte sie auf mich und sagte nach Luft schnappend: „Du denkst ernsthaft, ich sei Veganerin, weil ich die Welt retten will? Du Idiot. Hast du mal meine Social-Media-Kanäle angeschaut?"

Ich senkte meinen Blick und rieb mir über die Stirn.

„Ich jette um die Welt, mache geile Fotos am Strand. Was glaubst du, warum ich so aussehe? Ich mache diese vegane Scheiße nur wegen meiner Figur."

Sie stand auf und lief lachend zu Tür, an der sie sich nochmal umdrehte: „Diese ganze Umweltkacke geht mir so auf den Sack. Manchmal stehen solche Spinner wie ihr am Flughafen und labern mich zu. So ein Schwachsinn.

Ich fliege so viel, wie ich will! Fahre geile Autos und lass mir da von niemandem was erzählen!"

Sie verließ den Raum und bevor die Tür ins Schloss fiel, hörte ich sie rufen: „Man lebt nur einmal, ihr Trottel!"

Fuck. Das habe ich nicht kommen sehen.

„Und das ist dir nicht aufgefallen? Ist das dein Ernst?" Paul schnellte regelrecht aus dem Sessel und baute sich, die Hände in die Hüften gestemmt, vor mir auf. Seine funkelnden Augen durchbohrten mich förmlich, doch ich schaffte es, seinem Blick standzuhalten.

Ich war wütend. „Alter, was machst du mich jetzt so dumm an? Ich versuche hier wirklich mit an deinem Traum zu arbeiten."

„Mein Traum? Ist es nicht auch deiner? Warum hilfst du mir überhaupt, wenn es nur mein Traum ist?"

Dies war eine Frage, auf die ich keine Antwort wusste. Ich zuckte mit den Schultern und rauchte weiter.

„Du hast darauf keine Antwort.", seine Stimme klang enttäuscht. „Melde dich. Oder melde dich auch nicht. Je nachdem, ob du bereit bist, es auch zu deinem Traum werden zu lassen."

Ich sah ihm nach, wie er zur Tür ging und den Raum verließ. *Warum musste das jetzt passieren? Wie konnte ich diese offensichtliche Tatsache übersehen?* Wütend schlug ich auf den Tisch, wobei meine Zigarette abknickte und mir ein Stück der Glut auf die Hand fiel. „Scheiße!", schrie ich, sprang auf und schüttelte meine Hand. Meinen Drang, gegen den Glastisch zu treten, konnte ich gerade noch erfolgreich bekämpfen. *Ich brauche was zu trinken!*

Mit schnellen Schritten lief ich zur Tür und legte meine Hand an die Klinke, als jemand hinter mir sagte: „Ich würde mitmachen."

Mein Körper zuckte zusammen und ich schnellte herum. Vor mir stand eine Frau, vielleicht in meinem Alter, mit langen blonden Haaren, die sie auf eine Seite über ihre Schulter gelegt hatte.

„Scheiße, wo kommst du denn her?"

Sie lachte und offenbarte dabei ihre makellos geraden und weißen Zähne. Trotz meines Schrecks löste sie in mir ein Gefühl aus, dass ich seit langer Zeit nicht mehr gefühlt hatte: Eine Mischung aus Begierde und Neugier.

„Von dahinten.", sie zeigte auf einen Tisch, der zur Hälfte von einem Bücherregal verdeckt war.

„Du warst die ganze Zeit hier? Warum hast du nichts gesagt?"

„Ich habe gerne zugehört."

„Gelauscht meinst du wohl."

„Gelauscht? Was hättest du getan?", fragte sie und zwinkerte mir zu.

Ich tat kurz, als würde ich überlegen, ehe ich ihr lächelnd antwortete: „Ich fürchte, ich hätte dasselbe getan."

„Schon klar. Sag mal, wie lange kennst du ihn? Den anderen Typ?"

„Paul? Seit ein paar Wochen."

Sie setzte sich auf einen der Sessel. „Dann nimmst du das ja sehr ernst."

Ich machte einen Schritt in den Raum hinein und musterte sie. Ihr Make-up war dezent aufgelegt, dazu trug sie schlichte Jeans und eine schwarze Bluse. Einzig ihre

Schuhe stachen heraus: individualisierte, luftgefederte Sneaker in bunten Farben.

„Wie kommst du darauf? Ist das so offensichtlich?"

Sie lächelte und sagte: „Ja ist es. Du musst es ernstnehmen, sonst würdest du nicht mit einem Typ, der einer idealistischen, verträumten Idee hinterherrennt, herkommen und versuchen, weitere Mitglieder zu rekrutieren."

Bei ihren Worten musste ich lachen. Meinen Schreck hatte ich nun vollkommen überwunden und ich gesellte mich zu ihr. Uns trennte nur noch der Glastisch, was mir ermöglichte, die Farbe ihrer Augen zu erkennen. Sie waren grün. *Hübsch. Einfach nur hübsch.* Bei ihrem Anblick wurde mir bewusst, dass ich seit Langem keine Frau mehr mit diesem einfachen, aber machtvollen Wort, beschrieben hatte.

„Also, was sagst du?", sagte sie und sah erwartungsvoll aus.

„Was ...?"*Ach so.* „Klar, du könntest mitmachen. Wenn ich dich kennen würde." Ich schenkte ihr ein Lächeln.

„Flirtest du etwa mit mir?", sagte sie verschmitzt. Ich fühlte mich ertappt. Zu meinem Unbehagen spürte ich, wie mir heiß wurde, mein Kopf fühlte sich an, als würde er glühen.

„Ich ... dass ... war nicht so gemeint.", stotterte ich.

Sie lachte wieder und winkte ab. „Das war ein Scherz, Dummerchen. Komm mit, dann lernen wir uns mal näher kennen." Sie stand auf und lief an mir vorbei.

Ich biss mir auf die Lippe. *Idiot.*

„Kommst du?", rief sie von hinten.

Jetzt geh zu ihr! Bevor ich mich dazu durchgerungen hatte, ihr zu folgen, steckte ich mir eine Zigarette an.

„Was hast du eigentlich hier gemacht?", fragte ich.

Sie stand vor dem halb-verborgenen Tisch und sah mich an. „Du willst mich kennenlernen? Dann musst du mit mir feiern!"

Als mir das Bücherregal nicht mehr die Sicht auf die Tischplatte verdeckte, wurde mir klar, was sie hier getan hatte. Verblüfft sah ich auf zwei Flaschen Sekt, eine Whiskeyflasche und daneben ein Tütchen mit mehreren weißen Brocken.

„Ist das Kokain?", fuhr es aus mir heraus.

„Gott sei Dank, du bist nicht halbweinend weggerannt." Sie sah glücklich aus.

„Warum sollte ich?", fragte ich und griff nach einer der Sektflaschen.

Sie zuckte mit den Schultern und kniff ihre Lippen zusammen. Nachdem ich einen Schluck aus der Flasche genommen hatte, antwortete sie mir: „Eben habe ich das Zeug unten ausgepackt. Da kam sofort ein Kerl an und meinte, ich solle das woanders machen, sonst würde ich rausfliegen. Hier mögen die keine, wie hat er mich genannt ... Junkies."

Verrückt. Ich musste lachen.

„Mir erschließt sich die Engstirnigkeit der Menschen nicht. Sie verurteilen das eine und schütten währenddessen literweise Alkohol in sich rein."

Sie legte eine Hand auf meine Schulter, was ein Kribbeln in meinem Bauch auslöste und flüsterte: „Du sprichst mir aus der Seele, Max."

Woher kennt sie meinen Namen? Ich trank noch einen Schluck. *Ach so, sie hat ja alles gehört.*

„Wie ist eigentlich dein Name?"

„Den verrate ich dir, wenn du mit mir eine Line genießt."

Ich hatte wohl verunsichert ausgesehen, denn sie sah mich an und fügte hinzu: „Du hast das noch nie gemacht?"

Ich schüttelte den Kopf.

„Oh mein Gott. Ich habe noch niemals jemanden kennengelernt, der für den Konsum ist, aber es noch nie probiert hat."

„Ich bin nicht für den Konsum. Ich habe lediglich gesagt, dass man es nicht verurteilen darf, wenn man andere Substanzen konsumiert."

„Verrückt!", sagte sie kichernd und setzte sich auf einen der Stühle. Fasziniert beobachtete ich, wie sie das Tütchen öffnete und einen der Brocken mittels zwei Plastikkärtchen zerhackte. Das klackernde Geräusch, das dabei entstand, hatte ich mir genauso vorgestellt.

„Also, Max, willst du meinen Namen wissen?" Ihr Blick hatte etwas Verruchtes, ihre Stimme war melodiös und leise. Auf dem Tisch lagen zwei gleichlange Linien, so astrein gezogen, dass man meinen könnte, sie hätte ein Lineal verwendet. *Das ist keine gute Idee!* Ich trank einen großen Schluck Sekt, der mich aufstoßen ließ und mir fast einen Rülpser entlockte. *Oder doch?* Ich dachte an den Verlauf des Abends. *Ein bisschen Party kann nicht schaden. Vor allem nicht mit einer so hübschen Frau.* Ich sah abwechselnd sie und das Koks an. Dann stellte ich die Flasche auf den Tisch und ging auf sie zu.

„Verdammt ja, ich will deinen Namen wissen!"

Kapitel 9

Erinnerungen aus meiner Vergangenheit

Wieder ertönte die automatische Ansprache aus den Lautsprechern.

„Ist das dein Ernst?", flüsterte ich und beendete den gescheiterten Anruf. Achtmal hatte ich es heute bereits probiert. Und achtmal klingelte es durch, bis mir die elektronische Stimme verklickerte, dass der Angerufene gerade nicht erreichbar sei. *Dann eben nicht.*

Ich steckte das Handy weg und lief weiter. Es war kühl, obwohl die Sonne den Weg vor mir erleuchtete. Doch ihre Strahlen reichten nicht aus, um mich zu wärmen. Meine Finger griffen nach der nächsten Zigarette und ich rauchte gemütlich, bis ich das Ende des Stadtparks erreichte. Dort angelangt, drückte ich die Kippe auf dem Boden aus und steckte sie in meine Jackentasche, während ein joggender Mann an mir vorbei lief. Ich blieb vor einer Ampel stehen, die mir mit der roten Farbe signalisierte, dass ich stehen zu bleiben hatte.

Hoffentlich hat wenigstens sie mir geantwortet. Ich zückte mein Smartphone. Die kleine Zahl über der Nachrichten-App ließ meine Hoffnung auf eine erfreuliche Nachricht wachsen. Ich tippte auf das Icon und meine Augen wanderten immer wieder von den geschriebenen Zeilen auf dem Bildschirm zur Ampel. Mein Herz schlug, beflügelt durch ein Kribbeln in meinem Bauch, kräftiger. Die Ampel sprang auf Grün und leichtfüßig überholte ich einige Spaziergänger.

Durch eine Gasse hindurch, brachte ich weiteren Abstand zwischen mich und die überfüllte Fußgängerzone. Bevor ich ihr Ende erreichte, sendete ich eine knappe Bestätigung, inklusive Zeitangabe meiner vermuteten Ankunft zurück und bog auf eine weniger gefragte Einkaufsstraße ein. Hier tummelten sich viele, kleinere Läden und Boutiquen. Ich konnte es kaum erwarten, mein Ziel zu erreichen, dass am Ende der Straße bereits zu sehen war.

Je näher ich dem kleinen Park kam, desto stärker überschattete eine bisher unbemerkte Aufregung meine Überschwänglichkeit. *Wird er sich wieder bei mir melden?* Meine Hand zuckte in Richtung Hosentasche. *Nein!* Ich stoppte die Bewegung und widerstand dem Drang, erneut nach meinem Handy zu greifen und Paul anzurufen. Ich überholte ein junges Paar, das in einem unerträglich langsamen Spaziergang vor mir lief. *Wie kann man nur langsam laufen? Das ist etwas, das ich niemals verstehen werde.* Ich schüttelte den Kopf und griff in meine Innentasche. Ich steckte mir eine Zigarette zwischen die Lippen, bildete mit beiden Händen einen Windschutz und erweckte sie zum Leben. *Was soll ich eigentlich mit ihr reden?*

Ich stoppte meinen Lauf und setzte mich auf eine Bank. Direkt neben mir führte ein breiter Weg in den Park, der den Städtern einen willkommenen Ausgleich von den abgasverseuchten Straßen bot. Ich warf einen Blick auf die

Uhr und lehnte mich zurück. *Ich habe noch ein bisschen Zeit.* Langsam und jeden Zug auskostend, rauchte ich die Zigarette. *Was sie heute wohl tragen wird?* Bilder von ihr tauchten vor meinem inneren Auge auf. Ich stellte sie mir vor, sah sie lächelnd und unbeschwert auf mich zukommen. Ich kniff meine Augen zusammen und atmete tief durch. Als ich sie wieder öffnete, hatte ich die fesselnden Bilder aus meinem Kopf verbannt. *Ganz ruhig. Ich muss ganz ruhig bleiben.* Die Gedanken an die neue Bekanntschaft ließ mein Herz höherschlagen. Ich war von mir selbst überrascht, dass jemand einen derart großen Einfluss auf meine Gedanken hatte, war unüblich. Und das, nach nur einem Treffen.

Erst jetzt fiel mir auf, dass ich meine beiden Nasenflügel zwischen den Fingern knetete. *Wie lange mache ich das?* Ich löste meine Hand und legte sie neben mich auf die Bank. *Irgendwie fühlt sich meine Nase merkwürdig an.* Bilder aus der Nacht meines ersten Kokainrauschs tauchen in meinem Kopf auf. *Geht das so schnell, dass man sich die Nasenscheidewand wegkokst?* Natürlich kannte auch ich die Horror-Berichte über zerstörte Nasen und Verlust vom Geruchssinn. *Aber doch nicht nach einem Mal!* Ich horchte in mich hinein, zog die warme Luft in die Nase und stellte erleichtert fest, dass ich genauso gut roch, wie zuvor. Der Duft von Gras, Abgasen und Zigarettenrauch gab mir die Gewissheit darüber. *Einfach keine Gedanken daran verschwenden.* Ein letztes Mal streifte ich über meine Nasenflügel und verdrängte die Befürchtung einer zerstörten Nase.

„Hallo!" Ich zuckte zusammen und drehte meinen Kopf herum. Helena war von mir unbemerkt hinter mich getreten und grinste mich schief an. „Sehe ich so scheiße aus oder warum zuckst du bei meinem Anblick so zusammen?" Ihre Worte untermauerte sie mit einem belustigten Unterton und ich musste unweigerlich zurücklächeln.

„Hey. Wie geht es dir?", sagte ich, während sie die Bank umrundete und sich neben mich setzte. Ich musterte sie von Kopf bis Fuß. Mein langer Blick blieb von ihr nicht unbemerkt, wie ich anhand ihres breiter werdenden Lächelns feststellte. *Einfach schön.* Ich riss meinen Blick los. *Nicht, dass sie denkt, ich bin hängengeblieben.* Mein Blick wanderte in das Geäst des großen Baums, der schräg versetzt hinter der Bank stand. Ein leichter Luftzug zog durch die Blätter und ich genoss das raschelnde Geräusch. *Schön.* Etwas berührte mich sanft am Bein. Helena hatte ihre Hand auf mein Knie gelegt und strahlte mich an.

„Mir geht es gut. Und dir? Wie lange wartest du schon?" „Nicht lange. Ich habe eine geraucht und schon warst du da." Ich lächelte zurück und mein Herz klopfte noch schneller. „Und es geht mir gut."

So unauffällig wie möglich, drehte ich den Kopf zur Seite und suchte mir etwas, auf das ich meine Augen richten konnte. *Alter, ich drehe durch! Was ist nur los mit mir?* Ich verfolgte eine kleine Familie, bestehend aus einer Mutter, einem kleinen Jungen, den sie an der Hand führte und mit der anderen Hand einen Kinderwagen vor sich herschob.

„Kommt Paul auch?" Ihre Frage vertrieb das glückselige Gefühl aus meinem Körper. Meine Miene verfinsterte sich, als ich meinen Kopf wieder zu ihr drehte.

Mit leiser Stimme antwortete ich ihr auf die Frage: „Ich konnte ihn nicht erreichen. Er nimmt nicht ab." Zu meiner Überraschung hörte auch sie mit dem Lächeln auf und sie senkte ihren Blick. Schnell setzte ich hinterher: „Aber ich habe ihm auch geschrieben, dass wir auf ihn warten."

Helena nickte und löste ihre Hand von meinem Knie. Sie zückte ihr Handy und tippte darauf herum. *Was geht denn jetzt?* Ihr Verhalten verwirrte mich. Aber ich wusste auch nicht, was ich sagen sollte. *Hoffentlich kommt Paul gleich.*

Vorsichtig drehte ich meinen Kopf zur Seite und musterte sie aus dem Augenwinkel heraus. Sie hatte ihren Kopf von mir weggedreht, ihre Beine übereinandergeschlagen und die Arme verschränkt. *Was sage ich jetzt?* Das Schweigen irritierte mich. Um meine eigene Unsicherheit zu überspielen, griff ich nach einer Zigarette. Nachdem ich den ersten Zug genommen hatte, räusperte ich mich. Helena drehte ich daraufhin zu mir und musterte mich neugierig.

„Sollen wir vielleicht einen Kaffee trinken gehen bis Paul sich meldet?"

Sie überlegte kurz und nickte schließlich. Mir fiel ein Stein vom Herzen. *Alter, ich dachte schon, dass sie jetzt beleidigt ist. Warum auch immer sie das sein sollte.* Erleichtert stand ich auf und bot ihr meine Hand an, um sie auf die Beine zu ziehen. Sie grinste mich an, ignorierte die gebotene Hilfe, sprang förmlich auf und lief an mir vorbei. Dabei rempelte sie mich leicht mit ihrer Schulter an.

„Kommst du?", fragte sie gespielt genervt. Ich schloss mit drei großen Schritten zu ihr auf.

„Hast du dir schon überlegt, wie wir unsere Ideen in der Welt verbreiten könnten?" *Unsere Ideen.* Ich wusste damals noch nicht warum, aber etwas störte mich an der Tatsache, dass sie das zarte Band der Verbundenheit zwischen Paul und mir, bereits als *unser* bezeichnete. Und das am zweiten Tag.

Ich nahm zwei Züge an meiner Zigarette, ehe ich antwortete: „Ich denke, wir sollten mit derlei Gesprächen warten, bis Paul kommt."

„Wenn er kommt." An der Art und Weise, wie sie den ersten Satzteil betonte, konnte ich erkennen, dass ihr das Erscheinen von Paul ebenso wichtig war, wie mir. *Er hat sie also auch in seinen Bann gezogen. Genau wie mich.* Einerseits freute ich mich darüber, dass Paul es geschafft hatte, einen zweiten Funken in die Welt zu setzen. Andererseits aber störte mich die Tatsache, dass ich für sie nicht mehr zu sein schien, als ein Mittel um mit Paul in Kontakt zu treten. Das gemeinsame Erlebnis eines kokaingetränkten Alkoholrauschs hatte mich denken lassen, dass sie gefallen an mir gefunden hatte.

Ich verdrängte den negativen Beigeschmack, den dieser Gedanke mitgebracht hatte und sagte: „So wie du gefragt hast, hast du dir sicher Gedanken darüber gemacht."

„Das habe ich!", sagte sie und bog in eine kleine Nebengasse ein. *Jetzt weiß ich, wo sie hin will.* Ich kannte die Straße. An ihrem Ende erreichte man ein kleines Café, das aufgrund seiner abgelegenen Lage nicht überlaufen war.

„Willst du mir verraten, was du dir gedacht hast?"

Helena drehte sich während des Laufens um, lächelte mich an und sagte: „Das werde ich. Aber rauch erstmal fertig. Ich hole uns in der Zwischenzeit den Kaffee. Was willst du für einen?" Die Art, wie sie mich anschaute, ihr Lächeln gepaart mit ihren strahlenden Augen, überwältigten mich.

„Schwarzen Kaffee. Ganz einfach." Ich griff in meine Tasche, um meinen Geldbeutel herauszunehmen, doch bevor ich ihn auch nur in den Fingern hatte, war sie bereits im Café verschwunden. Ich sah ihr hinterher, bis sie die Bestellung übermittelt hatte. Dann drehte ich dem Laden den Rücken zu. *Diese Frau macht mich verrückt. Was hat sie nur an sich?* Ich dachte darüber nach, konnte aber im ersten Moment keine Antwort auf die Frage finden.

Als ich die Zigarette fertig geraucht hatte, vibrierte mein Smartphone. Ich unterbrach die Suche nach einem Aschenbecher und warf einen Blick auf das Display. *Perfekt!* Aufgeregt nehme ich den ersehnten Anruf entgegen.

„Ja?"

„Wo seid ihr?" Paul klang weder genervt noch erfreut. Seine Stimme war vollkommen neutral, ein Umstand, den ich bis dato noch nicht erlebt hatte.

„Wo bist du? Bist du jetzt beim Park?"

„So, wie du mir geschrieben hast." Ich kniff meine Augen zusammen und schüttelte den Kopf. *Scheiße! Ich habe vergessen, ihm Bescheid zu geben.* Ich warf einen schnellen Blick über die Schulter und sah, wie Helena gerade die fertig zubereiteten Kaffees in die Hand nahm.

„Tut mir leid, ich habe vergessen, dir zu schreiben. Wir sind bei dem kleinen Café um die Ecke." Ich hob meinen Kopf, der Name des Ladens war mir entfallen.

Doch bevor ich die Worte gelesen hatte, antwortete mit Paul knapp: „Ich weiß welches. Bis gleich."

Ich steckte das Handy wieder ein und warf die Zigarette in einen Mülleimer, der wenige Schritte entfernt stand.

„Hier, dein Kaffee."

„Danke", sagte ich und musste wieder lächeln, als ich in ihre Augen sah. Die Hitze der Flüssigkeit hatte sich ihren Weg durch den dünnen Becher gebahnt. *Eindeutig zu heiß zum Trinken.*

„Paul hat angerufen. Er ist auf dem Weg hierher." Meine Nachricht ließ Helena erstrahlen. Ich musterte sie kurz und drehte mich dann um. „Komm, wir laufen ihm entgegen."

„Meinst du, er will keinen Kaffee?" Bei der Frage blieb ich stehen und musste lachen, was mir einen kritischen Blick von ihr verschaffte. Ich beeilte mich, zu erklären: „Nein, bestimmt nicht. Er wird uns für die Einmalbecher wahrscheinlich streng verurteilen."

„Ach so", sagte Helena und blickte abschätzend auf den Becher in ihrer Hand.

„Na los, gehen wir." Ohne auf eine Antwort zu warten, lief ich los. Als ich nach vorne schaute, sah ich ihn direkt. Paul war gerade um die Ecke gebogen und ging geradewegs auf uns zu. Bei seinem Anblick schlug mein Herz wieder schneller, schneller und kräftiger als zuvor beim Anblick von Helena.

Kapitel 10

Erinnerungen aus meiner Vergangenheit

Natürlich hatte er uns einen Vortrag über die Sinnlosigkeit von Einwegartikeln gehalten. Während wir zurück zum Park gelaufen waren, hatte er uns einen fesselnden Monolog dargeboten.

Nun standen wir wieder vor der Bank und Helena fragte: „Darf ich euch jetzt endlich meinen Plan erklären?"

Ich nickte ihr zu und setzte mich, Paul tat es mir gleich. Ich richtete meine Augen auf Helena, die mittig vor uns Stand und abwechselnd mich und Paul anblickte.

Mit aufgeregter Stimme begann sie zu sprechen: „Der Ansatz, dass alles über Social Media laufen zu lassen ist der Richtige. Allerdings müssen wir da aufpassen, was wir alles posten und wie wir unsere Aktionen verkaufen. Dazu habe ich mir ein paar Gedanken gemacht."

Während sie gesprochen hatte, waren ihre Augen ausschließlich auf Paul gerichtet. Sie wirkte nervös, ihr linkes Bein zitterte leicht und sie tippte mit ihren Fingern auf ihren Oberschenkeln. *Bis jetzt ist da nichts Innovatives dabei. Wenn da nicht mehr kommt, wird Paul nicht zu begeistern sein.* Sie warf mir einen kurzen Blick zu und ich lächelte sie an, in der Hoffnung sie beruhigen zu können. Sobald sie weitersprach, sah sie wieder nur Paul an: „Wir sollten uns ein paar sinnvolle Aktionen überlegen, Missstände aus der näheren Umgebung, die wir aufdecken können. Allerdings müssen wir eben aufpassen, wie wir darauf aufmerksam machen, wir können und dürfen uns auf keinen Fall bei den Aktionen selbst filmen."

Sie machte eine Pause und gerade, als sie weitersprechen wollte, fiel ich ihr ins Wort: „Ich denke, dass wir uns filmen sollten. Wir müssen es nur richtig verkaufen." Paul drehte seinen Kopf zu mir, er sah interessiert aus.

„Was meinst du damit?", fragte er.

„Na ja, wenn wir unseren Social-Media-Kanal so aufziehen, dass er höchst seriös wirkt, also wie eine Art Nachrichtensender für Missstände. Dann könnte man unsere gefilmten Aktionen als anonyme Zusendungen verkaufen."

Paul nickte, sah nach vorne und schwieg. Ich lehnte mich leicht nach vorne und drehte meinen Kopf, sodass ich sehen konnte, wie er konzentriert in den Himmel starrte. Seine Lippen bewegten sich dabei lautlos, die Finger tippten rhythmisch auf seinem Knie. Ich beobachtete ihn gebannt und wartete auf eine Antwort. Als diese nach einer Weile noch immer nicht kam, blickte ich zu Helena, die mir einen vorwurfsvollen Blick zuwarf. Gerade als ich ihr ein gehauchtes „Was?!", zuwerfen wollte, klatschte Paul in die Hände und sprang auf.

„Das ist gut, sehr gut." Er drehte sich zu Helena und mir um und fuhr mit strahlenden Augen fort: „Wir müssen das aber langsam aufbauen. Zuerst nur Informationen sammeln und präsentieren. Und dann, sobald wir eine Plattform aufgebaut haben, können wir die Videos unserer Aktionen als anonym verkaufen!"

Ich nickte und spürte wieder das Gefühl der Faszination in mir aufsteigen, dass er stets in mir auslöste. Er schenkte mir einen kurzen Blick und nickte, bevor er auf Helena zuging und ihr einen Arm auf die Schulter legte.

Eindringlich sprach er: „Das nächste Mal, solltest du deine Ideen besser überdenken."

Sie starrte ihn einen Augenblick trotzig an, dann senkte sie ihren Blick und starrte traurig auf den Boden. Der Anblick versetzte mir einen Stich im Herzen. *Warum bin ich ihr ins Wort gefallen? Vielleicht hätte sie dieselben Gedanken gehabt.*

Paul ließ ihre Schulter wieder los, blickte kurz zu mir und sagte an uns beide gerichtet: „Macht euch Gedanken, erarbeitet Konzepte. Ich werde in der Zwischenzeit Ziele für unsere Aktionen herausarbeiten." Er drehte sich um und lief mit großen Schritten davon.

Zurück blieben ich und eine finster dreinblickende Helena.

„Es tut mir leid", flüsterte ich. Sie mied meine Blicke, wich ihnen aus und drehte mir den Rücken zu. Ich wusste nicht mehr, was ich machen sollte. Am liebsten wäre ich aufgestanden und zu ihr gelaufen, aber etwas in meinem Inneren hinderte mich daran. *Soll ich jetzt einfach gehen?*

Ich verschränkte meine Finger, stützte meine Ellbogen auf meine Knie und legte mein Kinn auf meinen Händen ab. *Nein, das kann ich nicht bringen.* Mein Herz schlug schneller, meine Anspannung stieg mit jeder Sekunde, die sie mir die kalte Schulter zeigte, weiter an.

Als ich es nicht mehr aushalten konnte, sprang ich auf, nahm mir eine Kippe zur Hand und rauchte hastig. *Komm schon, sag was!* Mit unsicheren Schritten umrundete ich sie und hielt ihr meine aufgeklappte Schachtel hin. Ein schwules Paar umrundete uns, sie lachten und einer der beiden drehte sich nochmals zu uns um. Ich warf ihm einen wütenden Blick zu, ehe ich versuchte Helenas Augen mit den meinen einzufangen. Zu meiner Überraschung gelang es mir. Sie fokussierten mich und ihre angespannten Gesichtszüge veränderten sich zu einem schwachen Lächeln. Gleichzeitig griff sie nach einer Kippe, die sie sich zwischen die Lippen steckte und demonstrativ darauf wartete, bis ich ihr Feuer gab. Nachdem ich mein Feuerzeug zurück in meine Jackentasche gesteckt hatte, strahlte sie mich an.

„Was?", fragte ich verwirrt.

Sie schüttelte den Kopf und nahm einen langen Zug ihrer Zigarette. Dabei hatten ihre Augen einen solch intensiven und herzlichen Ausdruck, der mir versprach, dass ich etwas Besonderes sei.

„Machen wir heute Party?", fragte sie leise und zwinkerte mir zu.

„Haben wir denn einen Grund dazu?"

„Brauchen wir einen?", erwiderte sie und setzte sich auf die Bank. Mit ihrer freien Hand deutete sie mir an, mich neben sie zu setzen. Ich kam ihrer Aufforderung nach und sie redete weiter: „Außerdem hast du aus meiner grundlegenden Idee etwas gemacht, dass man verkaufen kann. Und das ist sehr wohl ein Grund zum Feiern, oder?"

Ich nickte, stand auf und streckte ihr meine Hand entgegen. „Da hast du wohl recht!" Ich fühlte mich plötzlich hellwach und mein Herz schlug schneller, als sie meine Hand nahm und sich daran hochzog. *Soll ich sie jetzt wieder loslassen, oder einfach in der Hand behalten?* Bevor ich mich zwischen den beiden Wahlmöglichkeiten entscheiden konnte, löste sie ihre Finger aus den meinen und lief voran.

„Komm, beeilen wir uns." Sie zückte ihr Smartphone und tippte hastig eine Nachricht ein.

„Warum hast du es so eilig?" Ihre ungestüme Art, die sie jetzt an den Tag legte, verwirrte mich.

„Wir wollen doch Party machen, oder?" Langsam dämmerte mir, worum es ging und ich musste unweigerlich grinsen. *Das wird eine Party werden!* Kaum hatte ich daran gedacht, musste ich an den morgigen Tag denken. *Fuck!* Ich nahm ebenfalls mein Smartphone zur Hand und rief den Kalender auf. Ein Termin war morgens eingetragen, dessen Anblick ausreichte, um meine aufkeimende gute Laune zu dämpfen.

„Lass uns die große Party verschieben", sagte ich.

Helena unterbrach abrupt ihren Lauf und drehte sich zu mir um. Sie blickte mich abschätzend an.

„Was ist los? Woher der Sinneswandel?" Sie kam langsam auf mich zu, ihre Augen fest auf die meinen gerichtet.

„Morgen habe ich einen wichtigen Termin. Den kann ich nicht verschieben oder vollkommen zerstört auftauchen." Es folgte eine kurze Pause, die mir unangenehm war. *Was denkt sie?*

Ihre Mimik veränderte sich, von einem kurzen Augenblick, in dem ich dachte, sie sei enttäuscht von mir, zu einem mitfühlenden Ausdruck.

„Sprich mit mir. Es scheint dich zu beschäftigen. Das kann also kein normaler Termin sein."

„Bin ich so durchschaubar?", erwiderte ich schnell, um dem unangenehmen Thema zu entgehen.

„Für mich bist du es." Ich genoss das Gefühl ihrer Hand, die nach meinen Fingern griff und sie sanft festhielten. „Also, was hat die Macht dazu, unseren gemeinsamen Abend zu versauen?"

Ich seufzte und schüttelte den Kopf. *Ich will nicht darüber reden.* Entgegen meinem Drang, meine Hand wegzuziehen und mich wegzudrehen, blieb ich bewegungslos stehen und blickte ihr in die Augen. Sie hielten mich gefangen und versprachen mir Geborgenheit und Verständnis für alles, was ich zu sagen hatte.

„Es ist nicht so schlimm.", begann ich zu sprechen und stockte. Helena nickte mir aufmunternd zu und ich redete weiter: „Morgen muss ich zu meinem Vater. Und darauf habe ich gar kein Bock."

„Du lässt dir also von deinem Vater so stark in dein Leben eingreifen, dass du auf eine geile Nacht mit mir verzichten würdest?" Ihr Blick hatte etwas Anrüchiges. Etwas, dass es mich bereuen ließ, jemals Zweifel an einer guten Party geäußert zu haben. Sie lächelte mich an, drückte meine Finger und drehte sich weg.

„Komm jetzt, wir haben etwas vor heute Abend. Und in der Nacht!" Sie lief voran und nachdem sie mehrere Schritte gegangen war, folgte ich ihr. Mit jedem Schritt, den ich ihr näher kam, stiegen meine Zuversicht und meine Lust auf eine unvergessliche Partynacht ins Unermessliche.

Kapitel 11

Erinnerungen aus meiner Vergangenheit

„Hier, nimm das", sagte Helena zu mir und schob mir ein kleines, ledernes Täschchen über den Tisch. Ich fragte nicht weiter nach, ich wusste, was sich darin befand. Dennoch musste ich einen fragenden Gesichtsausdruck gehabt haben.

„Geh du zuerst.", setzte sie mit einem Zwinkern hinterher.

Ich war ihr durch die Stadt gefolgt, bis in ein dubioses Wohnviertel. Bestehend aus verwahrlosten Plattenbauten und verschmutzten Wegen, stellte es eines der Problemviertel der Stadt dar. Dort hatten wir einen Typen in Kapuzenpullover getroffen, mit dem Helena Geld gegen Stoff getauscht hatte. Und ebenso schnell, wie wir dorthin gelaufen waren, waren wir auch wieder weg. Jetzt saßen wir in einer Bar. Studenten teilten sich die Tische mit anständig aussehenden Menschen. Die Musik war laut, aber nicht penetrant und der Raum war erfüllt von heiteren Gesprächen und Gelächter.

Helena lächelte vielversprechend, als ich aufstand und mit der kleinen Tasche in der Hand die Toilette aufsuchte. Mein Herz schlug schnell. Aufgeregt betrat ich die Kabine und verschloss die Tür. Darauf achtend, dass meine Füße in die richtige Richtung zeigten, überlegte ich, wo ich am besten eine Line legen konnte. Während ich das Täschchen öffnete und daraus einen gerollten Geldschein und das Päckchen mit Kokain herausnahm, musste ich schmunzeln. Vor einer Woche noch wäre ich in schallendes Gelächter ausgebrochen, wenn mir jemand erzählt hätte, dass ich heute mit Kokain bewaffnet in einer Bar stehe und in Begriff wäre, mir etwas davon in die Nase zu jagen. Außer dem Geldschein und dem Päckchen waren noch zwei Plastikkarten in dem Täschchen.

Von wo ziehe ich das jetzt? Mein Blick fiel auf den Toilettenpapierkasten. *Die Fläche ist zwar klein, sollte aber reichen.* Ich musste lächeln, als ich an das Klischee des Spülkastens denken musste. *Das ist hier leider nicht möglich.* Etwas umständlich fingerte ich einen der Kristalle aus dem Tütchen heraus, legte ihn auf den Kasten und verstaute die Tüte wieder. Die Tasche legte ich auf der Toilette ab und nahm beide Karten zur Hand. Sorgfältig zerhackte ich den Stoff. Währenddessen hoffte ich, dass niemand die Toilette betrat. Zu meinem Glück blieb ich ungestört und kehrte mit tauber Nase zu Helena zurück.

Unverändert saß sie da. Einen Moment verharrte ich und betrachtete sie von hinten. *Sie ist eine perfekte Frau.* Als mir bewusst wurde, dass ich bereits mehrere Augenblicke bewegungslos verharrt war, riss ich mich von ihrem Anblick los. Mit betont langsamen Schritten lief ich zurück zu meinem Platz. Helena erwartete mich mit einem Lächeln, welches mir zweierlei Dinge versprach: zum einen, dass sie wusste, was ich getan hatte, zum anderen versprach es mir, dass es ein unvergesslicher Abend werden würde. Und trotz des Konsums von viel Alkohol und Kokain werde ich diesen Abend niemals vergessen.

„Gib schon her", sagte sie und zwinkerte mir dabei zu. Ich schob ihr das Täschchen über den Tisch und sie nahm es wieder an sich. „Jetzt bin ich dran! Bestelle uns noch eine Runde. Danach gehen wir in einen Club."

Sie stand auf und ich sah ihr hinterher, bis sie in der Tür der Toilette verschwunden war. Ich lehnte mich zurück und schloss meine Augen. Ich atmete langsam, achtete auf jeden Atemzug. Jetzt bemerkte ich, dass mein Herz schnell und kräftig schlug. Durch meine Adern wurde ein Mix aus zwei Substanzen gejagt, der mich niemals wieder gänzlich loslassen sollte: Alkohol und Kokain. Doch zu diesem Zeitpunkt genoss ich einfach das Gefühl der Berauschtheit. Vielleicht war das Verheerende daran, dass ich den Rausch der Drogen mit den starken Emotionen für Helena verknüpfte. Ein Gefühl der Überlegenheit durchströmte meinen Körper. Angetrieben durch meinen kräftigen Herzschlag, wurde es immer stärker und stärker. Für einen Moment vergaß ich die Zeit.

Dann riss mich das lauthalse Lachen eines Tischnachbarn aus meinem rauschartigen Zustand. Ich landete wieder in der Realität, öffnete meine Augen und erinnerte mich an Helenas letzte Worte. Ich ergriff mein Bier, welches halb leer vor mir stand und trank einen kräftigen Schluck daraus. Dann sah ich mich nach einer Bedienung um.

Ich wendete meinen Kopf und sah in diesem Augenblick aus dem Augenwinkel heraus, dass Helena zurückkam. *Scheiße, wie lange habe ich einfach nur dagesessen?* Sie schenkte mir ein breites Lächeln und setzte sich wieder.

„Na, hast du schon bestellt?", fragte sie und blickte mich direkt an. Ich erwiderte den Blick, während sich meine Gedanken überschlugen. *Wie kann man dabei nur versagen? Warum habe ich vergessen zu bestellen?* Ich fühlte mich furchtbar. Das Einzige, was sie von mir gefordert hatte, hatte ich nicht ausgeführt. Nein schlimmer noch, ich hatte es vergessen!

Ich schluckte und als der Zeitpunkt gekommen war, an dem eine Antwort nötig war, um die Situation nicht merkwürdig erscheinen zu lassen, sagte ich schnell: „Nein, die Bedienung hat nicht auf meine Zeichen reagiert."

Sie schüttelte den Kopf. Einen Augenblick blieb mein Herz stehen, doch dann sagte sie: „Es ist wirklich immer das Gleiche. Ich würde sagen, wir geben kein Trinkgeld. Oder was sagst du?"

„Nein, das tun wir auf keinen Fall", sagte ich und war froh, dass mein Versagen nicht aufgefallen war. Sie trank aus ihrem Glas und schenkte mir wieder eines ihrer überwältigenden Lächeln.

„Das macht den Abend für uns aber nicht schlimmer", sagte sie zwinkernd. Dann ergriff sie für einen kurzen Moment meine Hand und drückte sie fest. Das Gefühl ihrer Berührung war überwältigend. Ich wusste nicht, ob es auch an den Drogen lag, doch ich würde es niemals vergessen. Der kurze Fingerstreich elektrisierte meinen gesamten Körper und ich fühlte mich wie gelähmt. Den einzigen klaren Gedanken, den ich fassen konnte, war der, dass ich diese Frau liebte. Ehrlich, für mich war es quasi Liebe auf den ersten Blick. Ihre Haare, ihre funkelnden Augen, ihre Haut: Alles war perfekt.

„Was ist mit dir?", fragte sie und mir wurde klar, dass ich sie regelrecht anstarrte. Ich löste mich aus meiner Starre, räusperte mich und nahm einen Schluck Bier.

Dann sagte ich: „Oh man, das Zeug ist gut! Mich drückt es grade richtig."

„Geht es dir nicht gut?", fragte sie und sah dabei enttäuscht aus.

„Nein, nein!", beeilte ich mich, zu sagen. „Ich finde es unglaublich geil. Das alles hier, der Stoff und ... du!"

Helena lachte. „Oh man, du bist drauf. Aber das ist gut. Lass uns hier verschwinden."

Sie wartete nicht auf eine Antwort von mir, sondern stand auf und zog sich ihre Jacke an, die über ihrer Stuhllehne gehangen war. Ich tat es ihr gleich und folgte ihr dann zum Tresen. Sie baute sich regelrecht davor auf, stützte ihre Arme in die Hüften und suchte den Blickkontakt zu der nächststehenden Bedienung. *Ich habe das Gefühl, dass sie gleich jemanden anschreien wird.*

Kaum hatte ich das gedacht, rief sie laut: „Wird man hier auch bedient?" Ungewollt zuckte ich zusammen. Gleichzeitig wuchs meine Faszination für diese Frau. *Sie nimmt sich, was sie will!*

Ein Mann, er war der Nächste, kam zu ihr herüber und fragte: „Was kann ich für euch tun?" Dabei sah er abwechselnd mich und Helena an. Doch als sie zu sprechen begann, blickte er nur noch ihr in die Augen.

„Ich will zahlen! Nachdem Sie uns nicht bedient haben, obwohl wir noch was getrunken hätten, will ich schnellstmöglich woanders hin!"

Er räusperte sich, doch sie unterband seine Worte: „Ich will keine Entschuldigung! Nur die Rechnung bitte!" Der Mann warf ihr einen düsteren Blick zu, drehte sich dann aber um und tippte auf dem Kassenterminal herum.

Helena drehte sich zu mir um und sagte harsch: „Ich habe doch recht, oder?" Ich beeilte mich, zu nicken.

Die Situation empfand ich zugleich als unangenehm und aufregend. Während ich Mitleid für die Bedienung empfand, wuchs gleichzeitig meine Bewunderung für Helena. Sie bezahlte unsere Rechnung per Kreditkarte und gab selbstverständlich kein Trinkgeld. Dann nahm sie mich bei der Hand und wir verließen das Lokal. Was dann folgte, war eine berauschende Nacht. Und damit meine ich mich nicht nur die Drogen.

Kapitel 12
Erinnerungen aus meiner Vergangenheit

Mein Kopf dröhnte. Jede einzelne Faser meines Körpers teilte mir mit, dass es nur eines gab, dass ich tun konnte, um meinen Schmerz zu heilen: Schlafen. Doch das war unmöglich. Ich saß auf einem unbequemen Stuhl, der knarrte, wenn ich mich bewegte. Ich lehnte mich nach vorne und rieb mir die Schläfen. *Warum nur? Warum habe ich mich darauf eingelassen?*

Die Erinnerungen an letzte Nacht stiegen in mir auf. Discolichter, Bässe die in meinen Ohren dröhnten, Alkohol und Kokain. Auch wenn ich es nun bedauerte, so kam es mir zu jenem Zeitpunkt nicht falsch vor. Ich war regelrecht berauscht. Für einen kurzen Augenblick klangen meine Kopfschmerzen ab. Es war der Augenblick, in dem ich an Helena dachte. Sie hatte mir eine unglaubliche Nacht beschert. Der Sex, den ich mir vergangene Nacht oftmals mit ihr vorgestellt hatte, war zwar ausgeblieben, dennoch gab sie mir etwas, dass ich nicht beschreiben konnte. Ihre Blicke, ihre kurzen Berührungen, ihre Worte. All dies versetzte mich in einen Zustand des Rausches, ohne zusätzliche Substanzen.

„Du darfst jetzt zu ihm!" Unsanft wurde ich aus den lieblichen Gedanken an Helena gerissen. Ich öffnete meine Augen und stand auf. Dabei wurde mir schwindelig und ich hatte das Gefühl, dass ich mich übergeben müsste. Ich schluckte mehrmals und atmete tief ein, um den Reiz zu unterbrechen, der mich dazu gebracht hätte in den nebenstehenden Blumenkübel zu kotzen. Ich hasste es, dass mich seine Sekretärin duzte. *Warum tut Sie das? Sie hat mich niemals gefragt!*

Ich nickte ihr kurz zu und sie widmete sich wieder ihren Geschäften. An ihrem Schreibtisch vorbei, lief ich einen Gang entlang. An dessen Wänden hingen eingerahmte Zeitungen, die von warmem Licht beleuchtet wurden. Ich kannte jede Einzelne von ihnen, mein Vater hatte mich als Kind oft hergebracht und mir die Geschichte hinter ihnen erzählt. Es waren insgesamt vierzehn Stück, sieben pro Seite.

Der Flur führte direkt auf eine hölzerne, mit Schnitzereien verzierte Tür zu. Ich klopfte einmal, was mir einen stechenden Schmerz durch den Schädel jagte und trat ein. Eine Antwort wartete ich nicht ab, schließlich hatte er mich rufen lassen. Ich schloss die Tür hinter mir. Ich drehte mich um und vor mir lag das vertraute Büro meines Vaters. Die Wand, in dessen Mitte sich der Eingang befand, war holzvertäfelt. Alle anderen Wände waren aufgrund der besonderen Architektur des Gebäudes, aus Glas gefertigt. Es waren Fenster, die vom Boden bis zur Decke reichten und den Raum mit Tageslicht durchfluteten. Mittig stand ein hölzerner Tisch, der wie ein Monument den Raum dominierte. Dahinter saß hinter einem Bildschirm, ein grauhaariger Mann. Er würdigte mich keines Blickes und tippte auf seiner Tastatur herum. Außer dem Bildschirm befand sich auf dem Tisch nur ein goldener Brieföffner, der auf einem silbernen Gestell ausgestellt war. Ich blieb zwei Schritte vor dem Schreibtisch stehen. Es befand sich kein Stuhl in dem Raum, bis auf den, auf dem mein Vater saß. Ich kannte das Spiel bereits. Weswegen ich einfach an Ort und Stelle verharrte und nichts sagte.

Nach einer gewissen Zeit, ausgefüllt nur durch das Tippen auf der Tastatur, hob mein Vater seinen Kopf.

„Da bist du ja." Er blickte betont langsam zu der Uhr, von der ich wusste, dass sie direkt über dem Eingang hing.

„Ich war pünktlich. Aber deine Sekretärin hat mich nicht rechtzeitig angemeldet."

Er lächelte kühl, ehe er entgegnete: „Du weißt, Pünktlichkeit bedeutet, lange vor der vereinbarten Zeit anwesend zu sein." Die kalten und stechenden Augen, die mich nun trafen, verfehlten ihre Wirkung auf mich nicht. Unter seinem Blick fühlte ich mich klein und unbedeutend.

Nach wenigen Sekunden sah ich auf den Boden und nickte schwach.

„Ich weiß", flüsterte ich.

„Wie war das?"

„Ich weiß, tut mir leid.", wiederholte ich diesmal etwas lauter, aber mit zittriger Stimme. Zusätzlich zu dem desolaten Zustand, in den ich meinen Körper durch vergangene Nacht gebracht hatte, kam der Umstand, dass ich mir in Gegenwart meines Vaters immer unwohl und unbedeutend vorkam. Ich hob meinen Kopf wieder und konzentrierte mich darauf, seinen eisernen Blick zu erwidern.

„Ich hoffe, du lernst endlich daraus. Dein Verhalten behindert meine Arbeit."

Meine nächsten Worte überlegte ich mir gut. Bevor ich zu sprechen begann, sammelte ich mich, fokussierte mich und brachte meine Stimmbänder wieder unter Kontrolle.

„Es tut mir leid, wie gesagt. Aber lass uns diese Verfehlung beiseitelassen. Verschwenden wir keine Zeit mehr und widmen uns dem Grund, warum ich hier bin!"

Mein Vater nickte und seine Augen wurden wieder etwas wärmer. Doch an Schärfe verloren sie nicht.

„Du siehst schrecklich aus. Wo hast du dich wieder herumgetrieben?" *Scheiße! Ist das so offensichtlich?*

Meine Antwort hatte ich mir während des Wartens überlegt: „Ich glaube, dass ich mir was eingefangen habe. Gestern Nachmittag ging es mir schon nicht gut und die vergangene Nacht habe ich im Bad verbracht."

Die Lüge ging mir leicht über die Lippen. Es war nicht das erste Mal, dass ich meinen Vater anlog. Er schien sichtlich unbeeindruckt zu sein. Ich wusste nie, ob er meine Lügen durchschaut hatte oder ob es ihm völlig egal war.

„Nun gut. Jetzt bist du ja hier. Kommen wir nun zu meinem Anliegen." Er öffnete eine Schublade in seinem Schreibtisch und nahm eine Mappe daraus hervor. Langsam legte er sie neben dem Bildschirm auf den Tisch und tippte mit seinem Zeigefinger darauf. Ich überbrückte die Distanz zum Tisch und nahm sie.

„Ich will, dass du in zwei Tagen damit fertig bist. Und ich erwarte tadellose Ergebnisse." Ich drückte die Mappe an meine Brust und deutete eine Verbeugung an. Ich dachte, dass mein Vater den Spott in dieser Geste erkennen würde.

„Natürlich. Alles zu deiner Zufriedenheit." Bevor ich mich umdrehte, fügte ich hinzu: „Gibt es noch etwas, das ich für dich tun kann?" Mein Vater schüttelte den Kopf.

Wortlos verließ ich sein Büro. Und wie meistens, wenn ich aus dieser Richtung den Flur der Zeitungen entlanglief, hämmerte sich ein Gedanke immer tiefer in meinen Kopf: *Ich darf nicht länger für diesen Mann arbeiten!*

Kapitel 13
Erinnerungen aus meiner Vergangenheit

„Nein! Mach das nicht." Ich bückte mich und hob den Zigarettenstummel wieder auf, den Helena gerade auf den Boden geworfen hatte. Sorgfältig verstaute ich ihn in meiner Jackentasche.

„Du hast Glück, dass er es nicht gesehen hat." Sie sah mich mit großen Augen an, wie ich im Zwielicht der Dämmerung gerade noch erkennen konnte. Ich lächelte schwach, woraufhin sie mehrmals hintereinander blinzelte und zurücklächelte.

„Danke", flüsterte sie.

Schritte näherten sich, Schnee und Eis bildeten ein unverwechselbares Geräusch.

„Pünktlich. Das ist löblich." Paul trug einen schwarzen Rucksack. Generell waren alle seine Kleider in dunklen Farbtönen gehalten. Darin glich er mir und Helena.

„Dann kommen wir zur Sache." Er kam auf mich zu, lief an mir vorbei und umarmte Helena zur Begrüßung. Erst dann drehte er sich zu mir und wir gaben uns die Hand. Seine Finger waren warm, im Gegensatz zu meinen.

„Was ist der Plan? Du hast nur gesagt, wir sollen herkommen", sagte ich.

„Das liegt doch auf der Hand oder nicht?" Bevor ich meine Verwunderung ausdrücken konnte, sprach er weiter.

„Max, du bist nicht zum ersten Mal hier. Und du Helena, bist es auch nicht." *Nicht zum ersten Mal? Wann haben die beiden etwas ohne mich gemacht?* Ich bemühte mich, mir meine Überraschung nicht anmerken zu lassen. Um lässig zu wirken, steckte ich meine Hände in die Hosentaschen, auch wenn meine Anspannung immer weiter anstieg. Ich schob meine Gedanken an ihr heimliches Treffen beiseite und lauschte seinen Worten weiter.

„Wir werden diese Baustelle infiltrieren und ein paar Banner auf dem Kran anbringen. Vielleicht fällt uns auf dem Baustellengelände auch noch mehr ein." *Ungewöhnliche Worte für ihn. Das Wort „vielleicht" passt nicht zu seinen sonstigen Reden.*

Helena nickte und Paul lief los. *Ist er vielleicht auch nervös?* Ich folgte den Beiden, die nebeneinander liefen. Wir befanden uns auf demselben Weg, auf dem ich vor nicht allzu langer Zeit mit Paul gelaufen war. Um der nächsten Kurve lag die gerade Strecke, die geradewegs auf den Bauzaun zuführte. Ich steckte mir eine Zigarette an. Helena fragte ich nicht, ob sie eine haben wollte. Der Anblick der beiden, wie sie leise miteinander redeten, löste ein Gefühl in mir aus, dass ich bisher noch nicht kannte. *Warum schließen die mich so aus?* Erst jetzt fiel mir auf, dass ich bereits mehrere Schrittlängen zurückgefallen war. *Fällt ihnen überhaupt auf, dass ich gar nicht mehr da bin?*

Die zwei standen nun an dem Bauzaun, ich benötigte noch ein paar Schritte mehr, um sie zu erreichen. Durch das laute Geräusch, das durch den gefrorenen Untergrund entstand, konnte ich ihr Getuschel nicht verstehen. In dem Moment, als ich sie erreichte, stoppten sie ihr Gespräch und beide sahen mich an. Den strafenden Blick von Paul, der zweifelsohne an meine Zigarette gerichtet war, erkannte ich sogar durch das schwache Licht. *Diese Geheimniskrämerei!* Trotzig nahm ich noch zwei weitere Züge, bückte mich dann und erstickte die Glut im Schnee. Zurück blieb ein schwarzer Fleck auf der makellos reinen und weißen Oberfläche. Wie zuvor verstaute ich den Stummel in meiner Tasche.

Dann sagte ich: „Willst du mich auch über deinen Plan aufklären?"

„Warum bist du so patzig?", fragte Helena.

Ich ballte eine Faust und setzte zu einer ausschweifenden Erklärung an, doch Paul kam mir zuvor: „Er fragt sich, was wir geredet haben. Mein Freund, du hast uns erwischt. Wir planten eine Party und du solltest der Ehrengast sein."

Was zum Teufel? Meine Wut wich augenblicklich der Scham. *Warum muss ich immer gleich misstrauisch sein?* Doch ich hatte nicht lange Zeit, sauer auf mich selbst zu sein.

Paul sprach weiter: „Du hast das hier alles erst ermöglicht. Wir feiern das und planen das Gespräch mit deinem Vater." Und wieder wich die erste Erleichterung der Unsicherheit. *Jetzt schon? Das Treffen mit meinem Vater wird zu diesem Zeitpunkt nicht gut ausgehen!*

„Aber genug davon! Wir haben jetzt etwas anderes zu tun." Die energisch gesprochenen Worte von Paul vertrieben meine Gedanken. Etwas an seiner Betonung zog meine Aufmerksamkeit förmlich an.

„Also, was hast du jetzt vor?", Helena ergriff die Initiative und legte eine Hand auf Pauls Schulter. Diese Geste missfiel mir ganz und gar.

„Wir werden zuerst über den Zaun klettern, dann sondieren wir die Lage. Aber unser Hauptziel ist es, unsere Banner am Kran anzubringen."

Ich nickte und antwortete: „Ich denke, die Banner hast du in deinem Rucksack, oder?"

„Richtig. Da ist alles drinnen, was wir brauchen." Paul ging in die Knie, nahm den Rucksack von seinem Rücken und öffnete ihn.

„Hier sind aber noch mehr Sachen drinnen, die wir brauchen." Helena und ich standen je rechts und links von Paul und blickten gespannt auf das, was er aus ihm hervorzauberte.

„Die sind für euch", sagte er und drückte zuerst Helena, dann mir einen Stofffetzen in die Hand. Kaum hatte ich ihn in der Hand, wusste ich, was es war: Eine Sturmhaube.

„Zieht die an, man kann nie wissen." Helena kam seiner Anweisung sofort nach, während ich zögerte. Paul schien dies sofort zu bemerken. Er schloss seinen Rucksack wieder, stand auf und blickte mich an.

„Was ist los? Angst?" Er sprach diese Worte mit einem süffisanten Unterton, während er sich selbst eine Maske über den Kopf zog. Beide standen nun, Seite an Seite, vor mir. Ich konnte ihre Augen spüren, wie sie aus den schmalen Öffnungen heraus auf mich starrten. *Was ist mit den beiden? Irgendwas ist merkwürdig.* Unter den, für mich bohrenden Blicken, zog ich die Maske an.

„Auf geht es", sagte ich und drehte mich zu dem Bauzaun um.

Es war kein einfacher Zaun, massives Holz trennte die Baustelle vom Rest der Welt. Ich sprang, griff die Oberkante des Zauns und zog mich nach oben. Und als ich mich darüber schwang, vergaß ich meinen Unmut und widmete meine volle Aufmerksamkeit unserer ersten Aktion. Adrenalin durchströmte meine Adern, als ich auf der anderen Seite den Boden berührte. Helena kam als Nächstes, kurze Zeit später betrat auch Paul den verbotenen Grund.

Vor uns lag die Baustelle. Wir waren nur wenige Meter von den Containern entfernt, die den Arbeitern als Aufenthaltsraum und Lager dienten. Auch drei mobile Toiletten standen daneben. *Warum stellt man die direkt neben den Pausenbereich?* Ich schüttelte den Kopf. *Na ja, nicht mein Problem.*

„Mir nach!", zischte Paul und übernahm die Führung. Geradewegs führte er uns quer über das Gelände auf den Kran zu. Er stand relativ mittig und eine tiefe Grube befand sich über dem langen Kranarm. Wir folgten ihm zum Fuß des Krans.

„Wer von euch klettert hoch und bringt das Banner an?" Er sprach, während er erneut den Rucksack abnahm und ein sorgsam gefaltetes Stoffstück daraus hervor nahm.

„Ich sicherlich nicht", sagte Helena und sah immer wieder nach oben. *Warum bist du dann überhaupt hier? Du wusstest doch grob, um was es geht!*

Ich wusste nicht warum, doch ich zögerte nicht lange und sagte voller Überzeugung: „Ich mache es!"

„Sehr gut, Max." Paul stand auf, legte mir mit der einen Hand das Banner in die Arme und platzierte die andere auf meiner Schulter. Ich schluckte und blickte nach oben.

Jetzt, da ich direkt vor dem Kran stand, wurde mir erst bewusst, wie hoch er war. *Aber es gibt keinen Weg mehr zurück.* Ich umklammerte das Banner fest und trat direkt an die Leiter des Krans heran. Diese Leiter führte direkt zum Führerhaus. *Ob da wohl noch jemand drinnen sitzt? Oder ist der Kran auch schon ferngesteuert?* Ich versuchte, mich damit abzulenken, während ich die ersten Sprossen hochstieg.

„Warte!", rief Helena plötzlich. Ich stoppte und drehte meinen Kopf zu ihr herum.

„Was ist?", fragte Paul.

„Sollten wir das alles nicht filmen?", führte Helena an. „Ich meine, wir brauchen doch Material für Social Media. Wir sollten das alles aufnehmen."

„Da hast du recht", sagte Paul direkt. „Komm wieder runter und stelle dich an die Leiter."

Scheiße, jetzt bin ich noch nervöser.

Ich kam dem nach und stellte mich vor die Leiter, meine Füße berührten festen Boden. Helena zückte ihr Smartphone und tippte darauf herum.

„Jetzt kannst du loslegen", sagte sie. Ich spürte, wie mein Herz stark pochte. Meine Hände zitterten, als ich wieder die Leiter hochkletterte.

„Langsamer", rief Paul mir zu.

Klettere doch selbst hier hoch, Alter!

Widerwillig konzentrierte ich mich darauf, langsamer zu klettern. Es kam mir unendlich lang vor, doch schlussendlich erreichte ich ein kleines Plateau. Hier war der Eingang zum Führerstand. Ich verschnaufte kurz und sah dann wieder nach oben. *Ab jetzt gibt es keine Leiter mehr.* Adrenalin rauschte durch meine Adern. Es war ein solch intensives Gefühl, dass ich nicht wusste, ob ich gleich ohnmächtig werden würde oder vollends high war. Zitternd am ganzen Leib kletterte ich weiter. *Gleich geschafft!*

Drei Sprossen später befand ich mich an der Spitze des Krans. *Scheiße. Jetzt geht es erst richtig los!* Ich wusste, dass ich das Banner nicht hier anbringen konnte. Ich musste ungefähr bis zur Hälfte des Kranarms klettern. Mit großer Selbstbeherrschung gelang es mir, nicht nach unten zu sehen. *Weiter, immer weiter.* Ich rutschte auf dem kalten Metall vorwärts. *Du schaffst das! Komm schon!* Ich blickte nach hinten, um abzuschätzen, wie weit ich bereits vorangekommen war. Das Ergebnis blieb weit hinter meinen Erwartungen zurück. Es trennten mich nur wenige Meter von meinem Ausgangspunkt. *Egal, das muss reichen.* Hastig entfaltete ich das Banner. An seinen oberen Ecken waren Seile angebracht. Ich widmete mich zuerst einer Seite und verknotete es an dem Gestänge des Kranarms. Dann folgte die andere Seite. *Geschafft!*

Ich wollte mich umdrehen. Doch bei dem Versuch verlor ich einen Augenblick mein Gleichgewicht. Ich zuckte zusammen, bewegte meinen Oberkörper ruckartig nach vorne und klammerte mich an dem Gestänge fest. *Scheiße!* Ich atmete stoßartig und kniff meine Augen zusammen. *Ruhig bleiben.* Mit langsamen Bewegungen rückte ich Stück für Stück zurück. Nach einer unendlich anmutenden

Zeitspanne erreichte ich den Ausgangspunkt. „Geschafft!", flüsterte ich mir selbst zu und kletterte wieder auf das Plateau zurück. Der feste Halt unter meinen Füßen verschaffte Sicherheit. *Ich habe es geschafft! Der restliche Weg ist ein Kinderspiel.*

Langsam kletterte ich wieder in Richtung Boden. Und als meine Füße die gefrorene Erde berührten, verspürte ich ein überwältigendes Hochgefühl.

„Du bist der Beste!", sagte Paul und klopfte mir auf die Schulter.

Helena kam zu mir und umarmte mich.

„Gut gemacht!", flüsterte sie in mein Ohr. Bei ihren gehauchten Worten vergaß ich alle Wut, die ich eben noch verspürt hatte.

„Was machen wir jetzt?", fragte ich.

„Was sollen wir denn noch machen? Wir verschwinden von hier!", antwortete Paul.

Doch ich schüttelte den Kopf.

„Nein!", sagte ich. „Wir sind jetzt hier. Und nur wegen des Banners bin ich nicht hergekommen. Wir müssen mehr machen!"

Schweigen.

Dann trat Helena hervor und sprach direkt zu Paul.

„Er hat recht. Wenn wir bereits hier sind, müssen wir mehr machen!"

Kapitel 14

Helena sah mich an.

„Du hast da was vergessen", sage ich und fasse mir mit meinem Zeigefinger unter die Nase. Sie löst ihre Augen nicht von meinen, während sie sich mit ihrem Ärmel von den Überresten des Muntermachers befreit.

„Danke.", haucht sie und raucht weiter.

„Wie soll ich dir helfen?", frage ich und bin erstaunt über mich selbst, dass ich meine Trauer und Wut unterdrücken kann. Sie senkt ihren Blick und ich lasse meine Augen durch den Raum schweifen. *Mein schönes Büro.* In der letzten Zeit wurde mir immer klarer, dass sich meine gesamte Identität in diesem Raum befindet. *Meine Schwächen und Stärken, mein Streben nach Glück und einer besseren Welt, all das liegt hier.*

„Ich weiß es nicht", flüstert Helena. Ihre Worte lenken meine Aufmerksamkeit sofort wieder zu ihr. Sie saß mit gesenktem Kopf auf meiner Couch und zieht gelegentlich an ihrer Zigarette.

„Eigentlich habe ich nicht vor, dir zu helfen." Bei meinen Worten hebt sie ruckartig ihren Kopf.

Sie sieht mich vorwurfsvoll an und entgegnet: „Nicht helfen?!" Sie springt ruckartig auf und macht einen Schritt auf mich zu.

„Max, komm darüber hinweg! Ich wollte dich nicht. Ich wollte dich nie. Ich wollte immer nur ihn!"

Die Worte treffen mich wie eine scharfe Klinge. *Ich werde niemals dazu in der Lage sein, diesen Satz zu verkraften! Nicht einmal verstehen werde ich ihn.* Schlagartig schießen mir wieder Tränen in die Augen.

Mein Blick trifft auf die Kommode. *Wie kaputt bin ich eigentlich?* Ich denke an alles, was dieses Möbelstück beinhaltet. *Zigaretten und Alkohol.* Mein Blick wandert weiter und bleibt bei dem Beistelltisch hängen, auf dem sich das Kokain befindet. *Zigaretten, Alkohol und Kokain. Nichts davon vermag meinen Schmerz zu lindern!* Ich schließe meine Augen. *Was bin ich nur für ein erbärmlicher Mensch?*

Eine Träne drängt sich aus meinem Augenwinkel und läuft meine Wange hinab. *Warum fühle ich nur so? Aus welchem Grund können nicht einmal mächtige Substanzen meinen Schmerz lindern?* Ich öffne meine Augen wieder. Dann drehe ich mich um, den Kopf so drehend, dass ich Helena nicht sehen muss.

Nun stehe ich mit dem Rücken zu ihr und blicke aus dem Fenster. Ich sehe zu dem Baum, der in unveränderter Standhaftigkeit vor dem Gebäude steht. Auf dessen Ast sehe ich wieder den Vogel. *Du siehst aus, als wärst du derselbe, den ich immer hier sehe.* Sein Anblick stimmt mich froh. *Zusammen mit dem Baum bildest du eine Konstante in meinem Leben.* Ich muss schmunzeln. *Ein Baum und ein Vogel! Welcher Mensch klammert sich daran fest?* Weitere Tränen rinnen mir über meine Wangen. *Was soll ich nur tun? Wie könnte ich Helena helfen?* Ich blinzle, ziehe an meiner Zigarette und wische sie mir mit der Abwärtsbewegung meiner Hand von der Wange. *Und wem helfe ich damit eigentlich? Ihr oder Paul?* Ein weiterer Zug an der Zigarette lässt mich hüsteln. *Oder helfe ich damit mir?*

„Max? Sag etwas." *Sie klingt verzweifelt.* Der Schmerz, den ich in ihrer Stimme wahrnehme, trifft mein Herz.

Erneut blinzle ich. Dann fixiere ich meine Augen an dem Vogel, der bewegungslos auf dem Ast sitzt. *Ist er glücklich?* Ich versuche, ihm in die Augen zu sehen. *Was geht in deinem kleinen Hirn vor?* Und während ich den Vogel ansehe, rauscht urplötzlich ein Schatten heran. Noch bevor ich begreife, dass es eine Katze ist, befand er sich im Maul des kleinen Raubtieres. Das Flattern seiner Flügel bleibt wirkungslos und der Jäger springt mit seiner Beute im Maul vom Baum. *Was zum Teufel?* Vollkommen erstarrt blicke ich auf den Baum. *So schnell ist eine Existenz ausgelöscht.*

Ich bin nicht traurig. Trotz meines Mitgefühls für jegliche Lebewesen weiß ich, dass die Natur im Grunde genommen grausam ist. *Er stirbt, damit sie leben kann.* Meine Augen wandern an dem dicken Stamm des Baumes entlang. *Wie lange stehst du schon an dieser Stelle? So mächtig und unbeugsam.*

Ich ziehe an meiner Zigarette und merke, dass die Glut erloschen ist. *Und obwohl du so stark wirkst, wirst du eines Tages fallen. Und wärst du vor Millionen von Jahren verendet, so würdest du heute unsere Autos antreiben.* Ich lache lauthals.

„Was ist?", fragt Helena und klingt wütend. Doch ich ignoriere sie in diesem Moment. *Auch du dienst nach deinem Tod einem anderen. Deine Vorfahren sorgten gewissermaßen für unseren Aufstieg.* Ich drehe mich um und lasse die Zigarette einfach fallen. *Irgendetwas oder irgendjemand muss sich wohl opfern, dass es anderen besser geht.*

Ich gehe einen Schritt auf Helena zu. *Ob er will oder nicht!* Helena sieht mich noch immer böse an. Ihre Augen sind fest auf die meinen gerichtet. Ich erwidere ihren Blick und greife nach ihrer Hand. Sie zuckt einen Moment zurück, fügt sich aber schließlich.

Mit beiden Händen umgreife ich die ihre und sage: „Ich helfe dir. Noch weiß ich nicht wie, aber ich werde deine Welt wieder in Ordnung bringen."

Sie lächelt schwach. Dann schleicht sich ein fragender Gesichtsausdruck auf ihre Züge.

Langsam fragt sie: „Was meinst du damit, dass du MEINE Welt wieder in Ordnung bringst?"

Ich drücke ihre Hand und lege sie auf meine Brust.

„Das ist egal", sage ich. Dann lasse ich ihre Hand los und füge hinzu: „Spielt das eine Rolle?"

Helena sah mich an. Sie sah weder glücklich noch traurig aus. *Glaubt sie mir etwa nicht?*

Ich löse den Blickkontakt und nehme eine neue Zigarette. Als sie immer noch nicht antwortet, setze ich mich auf die Couch und rauche. Mit jedem Zug steigt meine Anspannung. *War es nicht das, was sie hören wollte?* Ich betrachte ihren Rücken. *Glaube mir, ich habe dich niemals vergessen. Wie gerne würde ich dir sagen, was ich für dich empfinde!* Bei diesem Gedanken steigen schlechte Erinnerungen in mir auf. *Stimmt, das habe ich bereits getan.* Wieder meldet sich der Kloß in meinem Hals, den ich mit aller Macht bekämpfe. Zum Glück war ich bei diesem Mal der Sieger. *So eine Scheiße.* Wütend schaue ich an Helena vorbei aus dem Fenster. *Scheiß Baum! Wie konnte ich nur denken, dass ich für jemanden nützlich sein kann?*

Ruckartig und mehr unterbewusst als bewusst gesteuert, beuge ich mich nach vorne und greife nach dem gerollten Geldschein. Ohne mir eine Line vorzubereiten, ziehe ich etwas von dem kleinen Häufchen Kokain. *Ich bin so dumm! Sie glaubt mir nicht, obwohl ich die Wahrheit spreche!*

Am liebsten hätte ich auf die Sofakissen eingeschlagen und meine Wut voller Inbrunst herausgebrüllt. Es gelingt mir, mich zu zügeln. Konzentriert achte ich auf die Wirkung des frisch gezogenen Kokains. Mein Gesicht wird wieder taub und ich spüre, wie es meinen Rachen herunterläuft. *Widerlich!* Ich springe auf, überbrücke die Distanz zur Kommode und entnehme ihr eine Wasserflasche. Hastig trinke ich und spüle den Stoff aus meinem Hals in den Magen.

Ich schaue wieder Helena an. Nun kann ich meine Wut nicht mehr zügeln.

Ich schreie regelrecht: „Was ist? Willst du meine Hilfe jetzt? Oder willst du sie nicht?"

Meine Worte scheinen sie aus ihrer Starre zu befreien. Langsam dreht sie sich um. Ihre wunderschönen Augen finden die meinen.

„Ich will deine Hilfe nicht." Sie läuft auf mich zu und bevor ich etwas erwidern kann, spricht sie weiter: „Ich brauche sie!"

Kapitel 15

Erinnerungen aus meiner Vergangenheit

„Wir müssen einen zentralen Ort für unsere Treffen finden." Paul nahm einen Schluck aus seinem Wasserglas und sah abwechselnd mich und Helena an.

Was meint er damit?

Ich trank von meinem Bier, ehe ich sagte: „Du meinst einen Ort, nur für uns drei? Einen Rückzugsort, um alles zu besprechen?"

„Ganz genau das meine ich." Paul nickte, lächelte und sprach weiter: „Aber das werden wir bald haben."

Meine Hand schloss sich fest um das Bierglas.

Während ich einen weiteren Schluck trank, sprach Helena meinen Gedanken aus: „Paul, was meinst du damit?"

Paul lächelte. Ein Lächeln, das vermuten ließ, dass er sich seiner Sache sehr sicher war.

„Wir gehen doch heute zu Max seinem Vater."

Es folgte eine Pause, in der meine Anspannung und Neugierde ins Unermessliche wuchs. Auch Helena schien nervös zu sein, was ich von ihrem wippenden Bein herleitete.

„Ich habe nicht vor, ohne die Zusage für ein eigenes Büro zu gehen!"

Mein Herz stockte. *Was hat er gerade gesagt? Ist das sein Ernst?* Ich sah ihn direkt an und versuchte seine wahren Gedanken hinter seinen Worten zu ergründen. Doch es schien mir, als würde er es vollkommen ernst meinen.

„Du bist verrückt!", flüsterte ich.

„Verrückt?", fragte er und sprach dann Helena direkt an. „Was denkst du davon?"

Sie räusperte sich, sah einen kurzen Moment lang mich an, dann suchte sie die Augen von Paul. *Warum wird hier schon wieder etwas über meinen Kopf hinweg beschlossen?* Ich trank wieder und stellte fest, dass mein Glas fast leer war. *Ist er nicht mein Vater?*

Dann sagte Helena: „Ich stimme dir zu Paul. Wenn du glaubst, dass dieses Vorhaben funktioniert, dann folge ich dir."

Ich musste mich beherrschen, dass mir nicht die Kinnlade herunterklappte. *Warum gibst du ihm einfach so recht?* Ich trank den letzten Schluck, um mich davon abzuhalten, meinen Gedanken laut auszusprechen. Härter als gedacht stellte ich das Glas auf den Tisch. Beide sahen mich an. Pauls Blick schien mich regelrecht zu durchbohren, während Helena mich fragend ansah.

„Ich denke nicht, dass das im Bereich des Möglichen ist", sagte ich langsam.

„Zweifelst du etwa an seinen Plänen?", fuhr Helena mich unversehens an.

Ich sah Paul an, der mich noch immer mit seinem bohrenden und stechenden Blick ansah. *Was geht denn hier ab?* Wut stieg in mir auf.

Ich hob meine Hand und sah mich nach der nächsten Bedienung um. *Das darf jetzt nicht wahr sein.* Ich drehte meinen Oberkörper weit um die eigene Achse, Hauptsache ich musste keinen der beiden ansehen.

Zu meinem Glück wurde ein junger Mann auf mich aufmerksam, der für das Café arbeitete. Mit großen Schritten kam er auf mich zu. Ich drehte mich wieder zum Tisch, nahm das leere Glas und sagte mit zitternder Stimme: „Noch ein Bier." Dann schüttelte ich den Kopf und korrigierte mich: „Nein, noch zwei Bier." Der Kellner nahm das leere Glas, das ich ihm entgegenstreckte und nickte.

„Muss das jetzt sein, Max?", fragte Paul.

„Das muss sein. Wenn ihr weiter in einer Zukunft schwelgen wollt, die unmöglich wahrzumachen ist, brauche ich noch mehr."

„Ich finde dein Verhalten nicht gut", sagte Paul und ich blickte ihn an. „Du hast ein solch unendlich großes Potenzial, mein Freund. Doch der Alkohol schadet dem. Ohne diesen Stoff wärst du deutlich leistungsfähiger. Und vielleicht würdest du dann nicht so pessimistisch und arrogant auf meinen erdachten Plan herabsehen!"

Seine Worte trafen mich härter, als es jede geschwungene Faust vermocht hätte. Sich meiner Macht entziehend, bildeten sich Tränen in meinen Augenwinkeln. Schnell senkte ich meinen Blick und blinzelte vorsichtig. Ich war darauf bedacht, die angesammelte Tränenflüssigkeit nicht aus meinen Augen zu treiben. *Reiß dich zusammen! Du Idiot!*

Meine Hände wanderten langsam von der Tischplatte auf meine Oberschenkel. Ich umklammerte meine Knie fest, bis meine Knöchel weiß hervortraten. *Reiß dich zusammen. Komm schon!* Ich blinzelte mit geschlossenen Augenlidern und hoffte, dass die Tränen verschwinden. Es gelang mir zu teilen und als ich meine Augen wieder öffnete, rann nur eine kleine Träne aus meinem rechten Augenwinkel. Ich nutzte die Gelegenheit des nahenden Kellners, mir so unauffällig wie möglich mit meinem Ärmel über die Wange zu wischen.

Meine Biere wurden vor mir platziert. Ich nickte dem Kellner zu und griff nach einem der Gläser. Gierig trank ich daraus. Dann stellte ich es wieder auf den Tisch, atmete tief durch und klopfte auf meine Oberschenkel.

„Also gut. Das ist der Plan. Wir werden es möglich machen."

Meine Worte bewirkten den gewünschten Effekt. Beide sahen mich mit einem, wie ich empfand, Ausdruck der Erleichterung an.

„Was noch? Bevor wir zu meinem Vater gehen, wollten wir noch andere Dinge besprechen."

Paul faltete seine Hände und legte sie auf den Tisch. Er nickte Helena zu, woraufhin sie ihr Smartphone aus der Tasche zog. Sie legte es in die Mitte des Tisches, sodass ich und Paul alles darauf erkennen konnten.

„Unsere Aktion vor zwei Wochen hat im Social-Media-Bereich große Wellen geschlagen." Sie tippte mehrmals auf dem Display herum und öffnete die Übersichtsseite unseres Social-Media-Accounts. Ich las die Zahlen. Und mir entfuhr ein Ausruf des Staunens. *Das ist unglaublich!* Mehrmals las ich die Zahlen. Ich hob meinen Kopf und sah Paul an. Er blickte mit einem breiten Lächeln auf das Smartphone.

„Das ist es! So wie ich es vorausgesagt habe!", flüsterte er. Seine Augen funkelten dabei. Der Ausdruck in seinem Gesicht beeindruckte mich. Er sah aus, wie ein Junkie, der gerade Unmengen seines geliebten Stoffes geschenkt bekommen hatte. Und gleichzeitig drückten seine Augen nur eines aus: pure Entschlossenheit.

„Du hast es gesagt. Und es ist wahr geworden!", sagte Helena und nahm ihr Smartphone wieder an sich.

„Unglaublich.", ergänzte ich ihre Worte. Ich warf einen kurzen Blick zu Helena herüber. Sie sah Paul mit funkelnden Augen an.

„Jetzt...", sagte er und legte seine Handflächen flach auf den Tisch. „...jetzt leiten wir den nächsten Schritt ein. Nachdem wir uns die Zusicherung von deinem Vater geholt haben,", er sah mich an, „führen wir die nächste Aktion durch."

Kapitel 16
Erinnerungen aus meiner Vergangenheit

„Kommt ihr?"

Helena stand vor der Drehtür des Gebäudes und sah zu mir und Paul. Wir standen einige Schritte abseits, neben dem Aschenbecher. Ich rauchte und hatte mich gerade mit Paul über das weitere Vorgehen unterhalten. Ich empfand Genugtuung. Nicht das ich Helena ausgeschlossen sehen wollte. Aber es tat mir gut, mich mit Paul allein zu unterhalten. Nur ich und er. Niemand, der meine Worte zu seinen Gunsten untergrub. Und doch schlich sich bei ihrem Anblick, sie war so wunderschön, ein schlechtes Gewissen ein.

Ich nahm einen letzten Zug von meiner Zigarette und schmiss sie dann in den Aschenbecher.

„Gehen wir", sagte ich an Paul gewandt und ging auf Helena zu. Ich musste unwillkürlich lächeln, als ich ihr ins Gesicht sah. Und mein Herz schlug schneller, als sie es erwiderte. *Gottverdammt, sie ist unglaublich!* Ihre strahlenden Augen, ihr gewelltes Haar und die makellos weißen Zähne!

Das versetzte mich in einen Zustand, den ich zuletzt auf dem Gymnasium verspürt hatte. Damals war ich in ein Mädchen der Parallelklasse vernarrt gewesen. Ich hatte ihr meine Liebe in Form eines Gedichtes offenbart. Statt einem Kniefall ihrerseits, hatte ich Schläge von ihren besten Kumpels bekommen. Sie hatte mich dabei ausgelacht, zugesehen, wie ich am Boden lag und Tritte kassierte. Meine Augen hatte ich dabei nur auf sie gerichtet. Den erniedrigenden Blick, den sie auf mich gerichtet hatte, habe ich niemals vergessen.

Doch Helenas Anblick ließ mich diese negative Erfahrung mit dem Verliebtsein vergessen. Ihre Augen versprachen mir Geborgenheit und Anerkennung. *Sie ist perfekt.*

Ich lief an ihr vorbei und passte den richtigen Moment ab, um die Drehtür zu betreten. Dabei ließ ich eine Parzelle, die bereits fast vorübergezogen war, aus und wartete auf die Nächste. Zu dritt betraten wir das Gebäude.

Mir war es vertraut. Vor uns lag die Lobby, an deren Ende sich ein mit Ornamenten verzierter Tresen befand. Mein Vater liebte es, seinen Erfolg in schlichten, aber machtvollen Gesten zur Schau zu stellen. Der Tresen stach umso mehr aus dem Rest der Einrichtung heraus, da der Rest der Lobby mit schlichten Möbeln ausgestattet war. Einige Sitzgruppen, bestehend aus Beistelltisch und drei Sofas, befanden sich beidseits des grauen Teppichs, der geradewegs auf den Tresen zuführte. Hinter diesem stand eine Empfangsdame, die uns direkt ansah.

Mit jedem Schritt stieg meine Nervosität. *Das ist purer Wahnsinn!* Ich wich dem Blick der Empfangsdame aus und sah auf den Boden vor mir. *Wir werden meinen Vater niemals überreden können. Ich werde ihm niemals genügen!* Ich ballte meine Hände zu Fäusten und versuchte, mich zu beruhigen. *Vielleicht schafft er es.*

Ich dachte an die beeindruckende, eloquente Art von Paul. Doch ich verwarf den Gedanken und schüttelte leicht den Kopf. *Nein! Mein Vater wird sich nicht überreden lassen. Das habe ich mein ganzes Leben lang versucht.*

Paul lief nun direkt hinter mir und berührte mich an der Schulter.

„Was ist?", fragte er. *Scheiße, ihm entgeht wirklich nichts!*

Erneut schüttelte ich meinen Kopf und sagte schwach: „Nichts. Ich habe nur nachgedacht."

„Nachgedacht über was?", hakte er nach. Doch ich beschleunigte meine Schritte und seine Hand glitt von meiner Schulter.

Ich hob meinen Kopf und sah die Rezeptionistin direkt an. Sie schien mich zu erkennen, denn nach einem Augenblick des Blickkontakts lächelte sie und deutete mir an, direkt zum Fahrstuhl zu gehen.

Ich folgte ihrer Geste und lotste meine Begleiter am Tresen vorbei zu den zwei Fahrstühlen des Gebäudes. Ich drückte den Rufknopf und drehte mich um.

„Bereit?", fragte ich, wobei ich Mühe hatte, meine Stimme sicher klingen zu lassen.

„Ich bin es", sagte Paul. Helena nickte nur. Ein allzu bekannter Ton ertönte, als der Aufzug das Erdgeschoss erreichte und die Türen langsam aufgingen. *Das macht mich so aggressiv!* Mein Vater hatte die Aufzugtüren so modifizieren lassen, dass sie deutlich langsamer aufgingen, als vom Werk vorgesehen war.

Ich betrat die Kabine, Paul und Helena folgten. Unendlich langsam schlossen sich die Türen, nachdem ich auf den Knopf gedrückt hatte, der uns in die oberste Etage befördern würde. Die Wände der Aufzugskabine wurden ab Hüfthöhe durch Spiegel gebildet. Darunter war eine Eichenholzvertäfelung angebracht. Die sichtbare Trennlinie zwischen Holz und Glas war durch ein vergoldetes Geländer gegeben.

Ich legte meinen Kopf in den Nacken und starrte an die Decke. Sie war ebenfalls als Spiegelfläche ausgeführt. Paul blickte geradlinig nach vorne auf die Tür, Helena blickte für einen kurzen Moment zu mir. Als sie sah, wohin ich meine Augen gerichtet hatte, sah sie nach oben und unsere Blicke trafen sich. Sie lächelte schwach, bevor sie ihren Blick abwandte.

Was geht in deinem Kopf vor? Ich beobachtete sie genau. Und zu meinem Erstaunen bewegte sie ihre Hand in Pauls Richtung. *Was zum Teufel tust du da?* Ihre Finger berührten sich. *Er wird das nicht dulden!* Doch es geschah etwas, dass ich nicht erwartet hatte. Ihre Finger berührten sich. Mein Kopf zuckte nach unten und ich starrte auf ihre Hände. Seine Finger zuckten leicht in ihre Richtung. Dann drehte er sich plötzlich um und bemerkte, dass ich ihn anstarrte. Seine Hand zuckte gleichzeitig mit seinem Kopf zurück. Nun starrte er wieder auf die Türen, seine Hand verstaute er in seiner Tasche. *Verbergen die zwei etwas vor mir?*

Der Aufzug stoppte und die Türen glitten langsam auf. *Ich muss mich jetzt auf etwas anderes konzentrieren.* Mit Mühe kämpfte ich die aufkeimenden Fragen nieder, drängte sie zurück in den Keller meiner Gedankenwelt.

„Folgt mir", sagte ich und drängte mich zwischen ihnen hindurch.

Wir betraten einen kleinen Empfangsraum. Es war derselbe Raum, in dem ich bereits so oft auf den Empfang meines Vaters gewartet hatte. Gegenüber des Aufzugs befand sich der Schreibtisch der Privatsekretärin meines Vaters. Der Arbeitsplatz war leer. Ich lachte. Es war kein herzliches Lachen, eher war es ein enttäuschtes und verbittertes.

Ich blieb stehen und Paul fragte sofort: „Was ist los?"

Ich brauchte einen Moment, bevor ich mit ruhiger Stimme antwortete: „Mein Vater zieht seine Sekretärin mal wieder meiner Mutter vor." Ich drehte mich zu meinen Begleitern um und blickte in traurige und erstaunte Gesichter.

„Nicht der Rede wert", sagte ich schnell und lief zu der Couch, die neben dem Aufzug stand und für Wartende gedacht war.

„Was geht hier vor?", fragte Paul, während er sich neben mir setzte.

„Paul, nicht.", warf Helena ein, die stehen geblieben war. Sie warf Paul einen vorwurfsvollen Blick zu.

Ich sah ihn an. Paul öffnete den Mund und schloss ihn aber wieder. *Sie hat dich also im Griff.* Ich konnte mir ein hämisches Grinsen gerade noch verkneifen.

„Wir warten, ich weiß nicht wie lange die zwei noch ... beschäftigt sind."

Paul sah mich eindringlich an, ehe er langsam nickte und mir dabei zweimal auf das Knie tätschelte. Seine Geste bedeutete mir viel. *Er will mir zeigen, dass er mir beisteht.*

Und er hält mir zuliebe weitere Fragen zurück. Seine Berührung verschaffte mir ein klein wenig Gelassenheit.

Es herrschte Schweigen. Niemand sagte etwas. Helena hatte uns den Rücken zugekehrt. Ihr Fuß wippte langsam aber stetig auf und ab. Während ich sie beobachtete, fiel mir auf, dass ich ihr Verhalten spiegelte. Mein Fuß bewegte sich im selben Takt wie der ihre. Paul hingegen schien vollkommen ruhig zu sein. Er saß mit geschlossenen Augen und geradem Rücken auf der Couch.

Ich konzentrierte mich auf ihn. Seine Gesichtszüge waren entspannt, keine Falte bildete sich darauf ab. Er atmete gleichmäßig, seine Hände lagen gefaltet in seinem Schoß. Ich verlor mich in seinem Anblick. *Er wirkt so erhaben. Als könne ihm nichts in der Welt etwas anhaben.*

Lautes Gelächter riss mich aus meiner Konzentration. Paul öffnete schlagartig seine Augen.

„Es ist so weit", flüsterte er und im selben Moment wurde die Bürotür meines Vaters aufgerissen. Ich drehte meinen Kopf und blickte den Gang entlang. Dort stand er. Hinter seiner Sekretärin und lachte. *Er sieht glücklich aus!* Im selben Moment, in dem mir der Gedanke bewusst wurde, hasste ich mich dafür. *Das ist nicht richtig.*

Mein Vater flüsterte seiner Mitarbeiterin etwas ins Ohr, woraufhin sie laut kicherte. Dann hob mein Vater seinen Kopf, ich beobachtete ihn genau dabei und als er uns sah, versteinerte sich seine Miene.

Streng und so laut, dass wir es hören konnte, sagte er: „Zurück an die Arbeit, Nancy. Dort warten Kunden."

Kunden! Wie sehr ich ihn hasse!

Mit geballten Fäusten sprang ich auf. Gerade wollte ich auf ihn zustürmen, als mich eine Hand an der Schulter zurückhielt.

„Nein, Max. Denke an unseren Plan.", zischte Paul mir ins Ohr. Seine Worte hielten mich tatsächlich zurück. Helena drehte sich zu uns um. Sie blickte auf Pauls Hand, sah mich an und schüttelte schwach den Kopf.

„Nein.", formten ihre Lippen stumm. Ich schloss meine Augen, atmete tief durch und lief los. Mit langsamen Schritten ging ich den Gang entlang. Helena und Paul folgten mir, wie ich an ihren Schritten hören konnte.

Nancy würdigte ich keines Blickes, als sie an uns vorüberlief, einen roten Ordner fest umklammernd. Ich hatte meine Augen starr auf meinen Vater gerichtet. Er erwiderte meinen Blick mit kalten, abschätzigen Augen. Er stand in der Tür, bis wir nur noch wenige Schritte davon entfernt waren. Dann drehte er sich um und lief mit langsamen Schritten hinter seinen Schreibtisch. *Ich kenne das Spielchen!* Ich kam vor der Türschwelle zum Stehen und wartete. Mein Vater ließ sich langsam in seinen Stuhl sinken. Langsam sortierte er die Stifte, es waren Kugelschreiber und Füllfederhalter, die vor ihm auf dem Tisch lagen. Als er dies getan hatte, hob er langsam seinen Kopf.

Und es geht los. Sein Anblick allein genügte, um mein Herz schneller schlagen zu lassen. Ich gestand es mir selten ein, aber es war Angst. Seine Präsenz weckte unwohle Gefühle in mir. Ich hob meinen Arm und klopfte dreimal an die offene Tür.

Kapitel 17

Erinnerungen aus meiner Vergangenheit

„Das ist mein letztes Wort", sagte mein Vater und sah mich kühl an.

Ich versuchte, seinem Blick standzuhalten, doch ich scheiterte daran. Es war wie eine Last, die meine Augen Richtung Boden zwang. Manchmal war sie so groß, dass ich das Gefühl hatte, niederknien zu müssen. An der Tischkante blieb mein Blick hängen und ich fokussierte sie. Ich verspürte eine Mischung aus Wut und Verzweiflung. *Konnte er mich nicht einmal unterstützen?*

Ich atmete tief durch und versuchte, meine Gedanken zu sammeln. *Vielleicht ist das wieder nur ein Spiel.* Immer wieder hatte mein Vater mich in der Vergangenheit in solche Situationen gebracht - etwas das unsere Beziehung dauerhaft geschädigt hatte.

Denk nach! Hier geht es um viel! Doch so sehr ich mich auch anstrengte und mein Gehirn nach einem Ausweg durchsuchte: Ich wurde nicht fündig. Vor meinem inneren Auge stellte ich mir meinen Vater vor, wie er mich von oben herab belächelte. Ich konnte seine Augen förmlich auf mir spüren. Als würden sie durch meinen Schädel hindurch direkt in mein Gehirn bohren und aus meinem Innersten heraus verhöhnen. Ich fühlte mich bloßgestellt. *Wie kann er vor meinen Freunden nur so mit mir reden?*

Mit jedem verstreichenden Atemzug wich die Verzweiflung der Wut. Mein Körper spannte sich an. Ruckartig hob ich meinen Kopf, Tränen schossen mir in die Augen. Mein Vater schaute mich an und einer seiner Mundwinkel zuckte leicht. Eine Mimik, die mich bereits des Öfteren in Raserei versetzt hatte. Ich öffnete den Mund, holte Luft und ...

Weiter kam ich nicht. Jemand schob sich an mir vorbei, streifte dabei leicht meinen Arm und erhob das Wort. Es war Paul.

„Sie sollten das nochmal überdenken", sagte er mit einer solchen Selbstsicherheit, die ich mir zu jenem Zeitpunkt nur erträumen konnte.

Zu überrascht um mich zu bewegen sah ich ihn an.

„Und wie kommst du darauf, junger Mann?", erwiderte mein Vater. Eiseskälte lag in seiner Stimme.

Doch Paul lachte leise vor sich hin. Er stand leicht versetzt vor mir und ich konnte sein Gesicht nur im Profil sehen. Aufrecht stand er da und zeigte keinerlei Anzeichen von Nervosität. Sein Wille war im Gegensatz zu meinem, ungebrochen. Die harschen Worte meines Vaters hatten keine Macht über ihn. Für einen Augenblick entglitten meinem Vater die Gesichtszüge. Er war überrascht- so hatte ich ihn noch nie erlebt.

Diese kleine Regung war Paul wohl auch nicht entgangen und er redete, mit einem belustigten Ton in der Stimme, weiter: „Zahlen. Die Antwort ist so einfach."

Während er sprach, zückte er sein Smartphone, als wäre es eine Waffe und drückte darauf herum. Er ließ meinen Vater nicht aus den Augen. Alle im Raum warteten gespannt ab. Ich sah kurz zu Helena herüber, die ihr Gewicht unruhig von einem Bein aufs andere verlagerte.

„Ich habe hier einige Hochrechnungen, die eindeutig gegen Ihre Bedenken sprechen." Nachdem er den Satz beendet hatte, legte er das Smartphone vor meinen Vater auf den Tisch.

„Nur zu, sehen Sie es sich an."

Zögernd griff mein Vater nach dem Handy und studierte die abgebildete Grafik darauf. Ich hatte sie erkannt. Sie stammte von mir. Ich hatte sie Paul geschickt, nachdem ich das erste Mal von seiner Idee gehört hatte, meinen Vater als Instrument zu nutzen.

„Was soll mir das sagen? Es sind schöne Zahlen, doch wie passt das mit eurem Vorschlag zusammen?" Bedächtig legte er das Smartphone zurück auf den Tisch, aber so, dass er immer noch eine gute Sicht darauf hatte.

„Nun, Sie haben es doch bereits gesagt. Wenn Sie unseren Vorschlag annehmen, dann wird genau das geschehen. Wir werden mit unseren Zielen die Masse begeistern."

„Die Massen? Wie passen Umweltschutz und Massenbewegung zusammen?", wand mein Vater ein.

Paul ging langsamen Schrittes um den Tisch herum, vorbei an meinem Vater und stellte sich vor die große Glasfront. Er blickte aus dem Fenster. Wieder hatte er es geschafft, selbst meinen Vater angespannt auf seine nächsten Worte warten zu lassen.

Plötzlich drehte er sich um, deutete mit dem Zeigefinger auf die Straße unter ihm und sagte: „Da draußen gibt es Menschen, die warten nur auf einen Zug. Einen Zug, der sie dorthin bringt, wo sie hinwollen. Welche Massen, sagen Sie? Die Masse der jungen Menschen. Leute, vom Schüler bis zum Masterstudent, die sich nach einer Änderung sehnen. Eine Änderung des Systems, die von jedem, der nicht vollkommen blind ist, ersehnt wird." Er sprach diese Worte mit solch einer Inbrunst, dass der Raum unter ihnen zu beben schien.

Paul lief wieder an seinen ursprünglichen Platz vor dem Schreibtisch zurück.

„Geben wir ihnen, was sie wollen. Geben wir ihnen eine Stimme." Er lehnte sich nach vorne und legte, zu meinem Erstaunen, eine Hand auf die Schulter meines Vaters.

„Und wir machen Sie zu einem noch reicheren Mann", sagte er nachdrücklich.

Die beiden ungleichen Männer standen sich gegenüber und blickten sich in die Augen. Die Zeit, bis mein Vater antwortete, kam mir wie eine Ewigkeit vor - obwohl es in Wirklichkeit nur ein kurzer Moment war. Und wir alle kannten seine Antwort, ehe er sie aussprach.

„Nun gut. Ich werde mir Gedanken darüber machen. Geht jetzt, die Arbeit ruft. Ich lasse dir,", dabei sah er kurz zu mir herüber, „über meinen Sohn Antwort geben." Dabei betonte er das Wort *Sohn*, als würde er es bereuen.

Paul streckte ihm eine Hand entgegen und machte keine Anstalten zu gehen.

Mit fester Stimme sagte er: „Ich gehe nicht, ohne einen Handschlag. Die Feinheiten können wir später noch abstimmen, ja. Aber ich will eine Zusage."

„Ich kann euch keine Zusage geben. Wenn das stattfinden soll, muss ich das vom gesamten Vorstand genehmigen lassen. So einfach ist das nicht."

„Ich bin mir sicher, Sie werden das hinbekommen", sagte Paul unbeirrt.

Hoffentlich war das nicht zu viel! Ich wollte gerade nach vorne gehen und mich für das Auftreten von Paul entschuldigen, doch eine Hand hielt mich zurück. Helena hielt mich fest. Zum wiederholten Mal an diesem Tag wäre mir vor Erstaunen beinahe die Kinnlade heruntergeklappt.

Mein Vater lachte, nickte Paul zu und gab ihm die Hand.

„Eines muss ich dir lassen, Junge, du hast Mumm in den Knochen."

Paul sagte nichts darauf, drehte sich um und lief an Helena und mir vorbei. Er öffnete die Tür und wir folgten ihm nach draußen.

Plötzlich blieb er stehen, drehte sich um und rief durch die offene Tür: „Ach ja, es heißt nicht Junge. Für Sie bin ich immer noch Herr Walter." Dann lief er an einer verdutzt dreinblickenden Nancy vorbei und rief den Aufzug.

Ich war heilfroh, als sich die Türen hinter mir schlossen und wir hinab zur Lobby fuhren. Wir sprachen nichts.

Erst als wir das Gebäude verlassen hatten und ich mir eine Zigarette ansteckte, brach Helena das Schweigen: „Wie hast du das gemacht?"

Ich reichte ihr die Schachtel herüber und wir standen beide dem Menschen gegenüber, der uns gleichermaßen in seinen Bann gezogen hatte. Er schüttelte den Kopf. Er blickte Helena kurz an, dann ruhten seine Augen auf mir.

Leise sagte er: „Ich habe gar nichts gemacht. Die Idee hatte ich, ja. Doch möglich gemacht hat sie Max. Es waren seine Zahlen und Grafiken, die ihn überzeugt haben. Ich habe die Fakten nur mit schönen Worten untermauert."

Ich zog an meiner Zigarette und nutze die Bewegung meiner Hand, um meinen Blick abzuwenden. *Wie kann man von sich denn eine so verdrehte Wahrnehmung haben?* Es schien mir unbegreiflich zu sein, wie man den Erfolg dieser Unterredung nicht mit seinen eigenen Fähigkeiten in Verbindung bringen konnte.

„Nun gut, die Arbeit hier ist getan. Ich melde mich bei euch." Paul drehte sich um und lief davon.

„Du verfügst über die mächtigste Waffe der Welt, Max." Er ging weiter, verlangsamte seinen Schritt und rief über die Schulter: „Nutze sie auch."

Dann verschwand er im Trubel der belebten Straße und ließ mich und Helena zurück.

Kapitel 18

Erinnerungen aus meiner Vergangenheit

Ich trank aus einem Bier und stellte das Glas dann auf dem Tisch ab. Zufrieden nicke ich und ein Lächeln huschte mir übers Gesicht. Neben meinem Bier stand ein Notebook, auf dessen Display höchst interessante Dinge zu sehen waren.

„Das ist unglaublich", sagte Helena, die neben mir stand.

Ich sah zu ihr herüber. *Sie ist wunderschön.* Ich hätte mich in ihrem Anblick verlieren können. Sie schien perfekt zu sein. Sie drehte sich zu mir, stellte ihr Weinglas ebenfalls auf dem Tisch ab und klatschte freudig in die Hände.

„Wo ist Paul?", fragte sie und griff nach ihrem Smartphone.

„Er sollte eigentlich schon da sein", antwortete ich.

„Ich schreibe ihm mal", sagte sie und tippte auf ihrem Handy herum.

Währenddessen lenkte ich meine Augen wieder auf das Notebook. *Das ist wirklich erstaunlich.* Ich streckte meinen Zeigefinger aus und legte ihn auf das Display. Darunter stand eine atemberaubende Zahl. *Das hätte ich niemals für möglich gehalten.*

Meine Klingel riss mich aus meinen Gedanken. Helena und ich eilten zur Tür. Ich öffnete sie, während Helena die Sprechanlage bediente und die Haustür öffnen ließ.

„Das ist unglaublich, Max.", flüsterte sie und berührte mich leicht am Arm.

„Das ist es!", sagte ich gleichermaßen flüsternd.

Erwartungsvoll standen wir beide in der Tür und hörten, wie Paul die Treppe heraufkam. Er blickte uns mit seinen wachen und durchdringenden Augen an.

„Wie sieht es aus?", fragte er, noch bevor er den letzten Treppenabsatz heraufgekommen war.

„Besser als alles, was wir erhofft hatten."

Helena war mir mit der Antwort zuvorgekommen. Sie ging ihm entgegen und schenkte ihm eine Umarmung, die mir einen Augenblick zu lange dauerte. Danach kam er zu mir und wir gaben uns die Hände.

„Komm rein", sagte ich und schloss die Tür hinter den beiden.

„Willst du was trinken?", fragte ich, während er seine Schuhe auszog.

„Das gleiche wie immer", sagte er.

Ich ging in die Küche und machte ihm ein Glas mit Leitungswasser. Währenddessen klärte ihn Helena über die aktuellen Ereignisse auf.

„Also haben wir alle Erwartungen übertroffen", sagte Paul und nahm das Wasser entgegen.

„Sieh selbst", sagte ich und erweckte das Notebook wieder zum Leben.

Paul studierte die Zahlen und lächelte.

„So hatte ich es mir erhofft", sagte er. „Aber wir müssen jetzt sofort weitermachen."

„Was meinst du damit?" Ich stellte die Frage schneller als Helena, die ebenfalls ihren Mund geöffnet hatte.

Paul trank aus dem Glas und stellte es beiseite, ehe er zu einer Erklärung ansetzte: „Wir haben mit dem letzten Post eine enorme Reichweite erlangt. Jetzt gilt es, diese zu nutzen. Wir müssen eine Basis aufbauen. Ein Fundament, das aus Stein ist. Aktuell befinden wir uns auf Treibsand."

Die fragenden Blicke von mir und Helena schienen ihn zu belustigen. Mit einem Lächeln auf den Lippen sprach er weiter: „Ein erfolgreicher Post bedeutet in der Schnelllebigkeit dieser Welt nichts. Es müssen viele sein. Dauerhafter Content ist hier das Stichwort."

„Willst du unseren kleinen Triumph nicht feiern? Wir können doch morgen neuen Content produzieren?", sagte ich und griff nach meinem Bier.

„Feiern können wir, wenn wir wirklich etwas erreicht haben!", sagte er unerwartet schroff. „Und für morgen habe ich eine ganz andere Sache geplant. Da haben wir dafür keine Zeit."

Ich warf einen schnellen Blick zu Helena herüber. Doch entgegen meinen Erwartungen schien sie das nicht zu überraschen. *Hat sie bereits davon gewusst?* Meine Überlegungen zu dieser Frage musste ich allerdings beiseiteschieben, denn beide sahen mich fordernd an.

„Dann produzieren wir heute wohl neuen Content", beeilte ich mich zu sagen. Vor ihren Blicken rettete ich mich mit einem kräftigen Schluck Bier und dem darauf folgenden Abstellen des Glases am Tischende. So hatte ich

Abstand zwischen mir und ihnen hergestellt und mich abwenden können. Paul war die Absicht dieser Geste wohl nicht entgangen.

Er kam auf mich zu und sagte mit sanftem Ton: „Ich meine nicht, dass wir nicht feiern sollten. Aber lass uns diese Welle ausnutzen. Danach können wir feiern."

Ich nickte langsam. Ich war hin und hergerissen. Mich packte einerseits die Lust und Motivation, gleich weiterzumachen. Andererseits stimmte mich seine fordernde Art und die offensichtliche innige Kooperation mit Helena missmutig. Ich hatte das Gefühl, nur das fünfte Rad am Wagen zu sein. Ein Mittel zum Zweck, mehr nicht. Doch seine klaren und durchdringenden Augen verhießen mir eine strahlende Zukunft. Ich glaubte an das, was er sagte. Bedingungslos. Die Sache, der wir entgegenstrebten, war heilig.

„Gehen wir an die Arbeit", sagte ich und ging den kurzen Flur entlang in mein Arbeitszimmer.

Es herrschte Chaos. Stapel von ungeöffneten Briefen lagen auf meinem Schreibtisch, ausgedruckte Dokumente lagen darauf und benutzte Teller standen verteilt im ganzen Raum herum. *Hier darf er auf keinen Fall reinkommen. Sonst flippt er aus.* Der Gedanke belustigte mich. Und so suchte ich mit einem Grinsen das Kameraequipment zusammen.

Als ich alles beisammen hatte, fiel mein Blick auf die unterste Schublade meines Regals. Ich wusste, was darin war. Ich wusste, was diese Schublade mir bedeutete. Doch niemand anderes durfte das jemals erfahren. Ich riss mich los und kehrte ins Wohnzimmer zurück. Die Tür zum Büro hatte ich gewissenhaft hinter mir zugezogen.

„Dann fangen wir mal an", sagte ich und legte die zusammengesuchte Ausrüstung auf den Tisch. „Auch wenn ich nicht weiß, was du vorhast.", setzte ich hinterher.

„Ich weiß es genau", sagte Paul und lächelte mich an. Dann sagte er zu Helena: „Bau die Kamera und das Mikrofon auf. Max, schreibe eine Nachricht an deinen Vater. Teile ihm diese unglaublichen Zahlen mit."

Ich nickte und nahm das Notebook zur Hand. Nachdem ich mich auf einen Stuhl gesetzt hatte, trank ich das Bier aus und schrieb dann eine Mail an meinen Vater.

„Das wäre erledigt", sagte ich und klappte den Laptop zu.

Ich ging in die Küche und holte mir ein frisches Bier. Als ich zurück an den Tisch kam, war die Kamera auf die einzige freie Wand gerichtet, die es in meiner Wohnung gab. Paul saß am Tisch und las sich seine Notizen am Handy durch. Helena saß neben ihm und nippte an ihrem Weinglas. Ich blieb stehen und setzte mich nicht.

Nach einer Weile, ich hatte bereits mein halbes Glas ausgetrunken, sah sie zu mir. Langsam hob sie ihren Zeigefinger unter die Nase und bewegte ihn hin und her. Wie Wickie. Nur das ich wusste, dass sie keinen genialen Einfall hatte. Für mich lag dieser Einfall wohl eher auf der Hand. Ich nickte, stellte mein Glas auf den Tisch und ging in mein Arbeitszimmer. Leise schloss ich die Tür hinter mir und ging dann auf das Regal zu. Ich ging in die Hocke und öffnete die Schublade. Unter unwichtigen Briefen versteckt, lag eine Schachtel. Ich nahm sie und lief zu meinem Schreibtisch. Dort befreite ich den Inhalt aus seinem Gefängnis: ein Tütchen mit weißen Kristallen, einer ausgemusterten Bankkarte und einem zurechtgeschnittenen Strohhalm.

Der Anblick löste Erinnerungen in mir aus. Erinnerungen an Helena und mich. Erlebnisse, die nur wir miteinander teilten. *Ohne Paul.* Ich schloss kurz meine Augen. *Und doch eng mit ihm verbunden.* Zugleich mit dem Öffnen meiner Augen griff ich nach dem Tütchen. Mit wenigen Handgriffen hatte ich, mithilfe der Karte, zwei feine Lines auf meinem Tisch gelegt. Abschätzend begutachtete ich ihre Größe. *Das sollte ausreichen.* Ich nahm das Röhrchen zur Hand und schnupfte die untere Line weg. Sofort wurde meine Nase taub und ein feines Kribbeln breitete sich auf meinem Gesicht aus. *Wie viel da wohl gestreckt wurde?* Ich verwarf den Gedanken und lehnte mich für einen Moment zurück. Die Lehne meines Stuhls fing mich auf und ich schloss die Augen. *Geil!* Ich konzentrierte mich auf das Taubheitsgefühl, dass sich von der Nase ausgehend, nun auch in meinem Rachen ausbreitete.

Schritte auf dem Flur ließen mich zusammenfahren. Mit einer hektischen Bewegung legte ich eine Umlaufmappe auf die gelegte Line, die Karte und dem Röhrchen. Danach griff ich wahllos nach einem Ordner und tat so, als würde ich etwas suchen. Die Tür schwang auf und zu meiner Erleichterung war Helena zu sehen.

Sie kam, ohne Worte, auf mich zu und flüsterte mir ins Ohr: „Er überlegt noch, wie er alles genau inszenieren soll. Gehe du wieder zu ihm."

Ich nickte, stand auf und überließ ihr den Stuhl. Sie wusste genau, unter welcher Mappe der Stoff lag. Achtlos warf sie sie auf den Boden und ich hörte gerade noch, wie sie sich die verbliebene Line einverleibte, ehe ich den Raum verließ.

Etwas mehr Dankbarkeit wäre angebracht ... aber was solls?!

Im Wohnzimmer saß Paul noch immer vor seinem Handy. Er sah konzentriert aus - wie ich ihn kannte.

Ich setzte mich, trank aus meinem Bier und heftete meinen Blick auf ihm fest. So wie er dasaß, deutete nichts darauf hin wie imposant er während seiner Reden werden konnte. Ein schmächtiger Kerl, glattrasiert und mit unscheinbarem Outfit. Doch ich wusste, welcher Geist hinter dieser Maske steckte. Ich wusste, wie er Worten eine Macht verlieh, die ich mir nur erträumen konnte.

Wieder nahm ich einen Schluck und lehnte mich zurück. Langsam spürte ich, wie der Wirkstoff die nötigen Rezeptoren in meinem Hirn erreichte und somit seine Wirkung entfaltete. Meine Müdigkeit verschwand, mein Kopf wurde klar und ich fühlte einen Tatendrang, dem man nicht entkommen konnte. Es fiel mir schwer, nicht aufzuspringen und in die Hände zu klatschen. Am liebsten hätte ich ihn bereits jetzt für das, was folgen würde, gefeiert.

Paul räusperte sich und sagte dann: „Hat dein Vater bereits auf deine Mail geantwortet?"

„Nein, das hat er nicht!", sprudelte es laut aus mir heraus.

Paul hob seinen Kopf und musterte mich mit einem seltsamen Blick. Mit wurde unwohl unter seinen Augen, die mich zu durchdringen schienen. Doch bevor ich mich von ihnen losreißen konnte, widmete er sich wieder seinem Smartphone.

Langsam, als wäre er tief in Gedanken versunken, sagte er: „Ich will noch heute eine Reaktion von ihm. Unsere Posts haben mehr Leute erreicht als erhofft. Der Vorstand müsste zufrieden sein. Ihre Bedingungen sind erfüllt."

„Er wird sich an die Vereinbarung halten", erwiderte ich.

Während ich redete, war ich aufgestanden und lief zwischen Tisch und Fernseher hin und her.

„Das will ich hoffen. Wenn es so weiter geht, werden wir ihm Millionen einbringen."

Ich sagte nichts dazu. Es war mir schleierhaft, wie er diese Zukunft prophezeien konnte. Natürlich, wir hatten mit unserem letzten Post viele Menschen erreicht. Doch für eine solche Vorsehung reichte das bei Weitem nicht. *Andererseits hat er bereits viele Dinge gesagt, die später zur Wahrheit wurden.*

Ich musste lächeln. Ein Gefühl der Glückseligkeit breitete sich in mir aus. Eindeutig eine Mischung aus der Faszination für Paul und dem Kokain.

„Könntest du dich bitte ruhig hinsetzen?", fragte Paul schroff und sah mich scharf an.

„Wenn du es willst. Ich bin aber voller Motivation und kann es kaum erwarten, dich reden zu hören."

Es dauerte etwas, bis er antwortete: „Jetzt plötzlich? Eben warst du noch dafür zu feiern. Woher der

Sinneswandel?" Er klang genervt und ein unausgesprochener Vorwurf lag in seiner Stimme.

Abrupt hielt ich an. Plötzlich verspürte ich eine heiße Wut in mir. „Was ist dein Problem?", fuhr ich ihn an. Und ehe er etwas darauf antworten konnte, fuhr ich fort: „Ich stehe immer hinter dir. Und ich akzeptierte deine Absicht, noch heute einen weiteren Post auf den Weg zu bringen! Also komm mir jetzt nicht auf diese Weise, wenn ich es jetzt nicht mehr erwarten kann."

Entgegen meiner Erwartung blieb er ruhig. Er nickte nur und las weiter.

Nachdem ich weitere zwei Runden zwischen Fernseher und Tisch gelaufen war, sagte er: „Gut, ich wäre dann so weit."

Als wäre es Helenas Stichwort gewesen, kam sie aus meinem Büro. Sie lächelte breit und ging direkt zu ihm herüber.

„Zeige es ihnen!"

Sie zog ihn an seinen Händen nach oben und schubste ihn spielerisch vor die Kamera.

„Max, dein Einsatz." Sie deutete auf die Kamera und stellte sich daneben.

Die zwei wollen mich doch wirklich verarschen! Meinen Zorn hinunterschluckend begab ich mich zur Kamera und tätigte die nötigen Einstellungen.

„Sieht alles gut aus", sagte ich.

Während dieser Worte vergaß ich meinen Zorn und mein Tatendrang kehrte zurück. Ich sah kurz zu Helena, lächelte sie breit an und begann dann von drei herunter zu zählen.

„Null", sagte ich und startete die Aufnahme.

Was nun folgte, war eine der mitreißendsten Reden, die ich jemals gehört hatte. Reißerisch wäre das falsche Wort dafür gewesen. Doch sie bewegte sich nah an dieser Grenze. Gerade so, dass sie noch im gesellschaftlich akzeptierten Rahmen war. Zumindest nach meiner eigenen Definition.

„Das wird deinen Vater umhauen, da bin ich mir sicher", sagte Helena, nachdem die Aufnahme beendet war.

Das denke ich auch. Doch trotz all der Freude, die ich durch unseren Erfolg verspürte, beschlich mich ein ungutes Gefühl. Erst recht, als ich sah, wie Helena und Paul miteinander agierten. *Das alles ist atemberaubend schön und grauenhaft zugleich.*

Kapitel 19

Erinnerungen aus meiner Vergangenheit

„Nun packen wir uns einen der größten Feinde."

Paul stand zu uns gerichtet, hinter seinem Rücken war ein Maschendrahtzaun zu sehen.

„Diese Menschen unterstützen alles, was wir hassen. Und dagegen werden wir kämpfen." Er zeigte mit dem Finger zuerst auf Helena, dann auf mich, als wären wir wildfremde Menschen.

„Folgt mir! Decken wir eine der größten Ungerechtigkeiten in diesem Land und auf der ganzen Welt auf!"

Er drehte sich um und schlich in geduckter Haltung auf den Zaun zu. Ich wechselte einen angespannten Blick mit Helena. Dann atmete ich tief durch und folgte ihm. Ich konnte Helenas Schritte hinter mir hören. Ich hatte ein mulmiges Gefühl bei der Sache. Ein Einbruch dieser Art war etwas ganz anderes, als auf einer verlassenen Baustelle ein Banner zu platzieren.

Ich erreichte Paul, der vor dem Zaun in die Hocke gegangen war. Ich hielt mich hinter ihm, während er seinen Rucksack vom Rücken nahm und daraus einen Bolzenschneider zutage brachte. Geschickter als ich es ihm zugetraut hätte, setzte er ihn an und schnitt uns einen Durchgang in den Zaun.

Er verstaute das Werkzeug wieder, setzte den Rucksack auf und fragte: „Seid ihr bereit?"

Als würde er keinen Widerspruch dulden, zog er sich, während er sprach, eine Sturmhaube auf. Meine Hände zitterten, als ich mein Gesicht ebenfalls mit einer Haube verbarg. *Ich hoffe, es wird alles gut gehen!*

Lange Zeit, zweifelnde Gedanken aufkommen zu lassen, hatte ich nicht. Denn Paul drückte sich durch die freigeschnittene Öffnung und Helena folgte im sogleich. *Oh man.* Ich nahm tief Luft, verdrängte die Gedanken an klickende Handschellen und folgte den beiden. Es war kalt und ich konnte kleine Atemwolken in den Himmel aufsteigen sehen, als ich Paul und Helena zu dem Gebäude folgte.

„Sobald wir die Tür aufgebrochen haben, zählt jede Sekunde." Paul legte jeweils eine Hand auf Helenas und meine Schulter. „Macht euch bereit. Wir haben alles besprochen."

Ich griff in meine Jackentasche und nahm eine Kamera zur Hand. Helena bereitete sich ebenfalls auf ihren Teil der Aufgabe vor.

„Los jetzt!", zischte Paul und setzte sich in Bewegung.

Hintereinander liefen wir am Gebäude entlang, bis wir zu einer Tür kamen. Sie wurde von einem Stein offengehalten, der zwischen Tür und Rahmen lag. *Solche Idioten.* Paul zog die Tür auf und Helena trat, gefolgt von mir, ein.

Das Erste das ich wahrnahm, war ein atemraubender Geruch. Es stank abscheulich nach Verwesung und Exkrementen. Ich musste einen Moment innehalten und kämpfte gegen einen Würgereiz an. *Das ist bestialisch!* Helena schaltete eine Taschenlampe an.

Erst jetzt wurde mir klar, dass es laut war. Sehr laut sogar. Quickende und teilweise kehlige Schreie waren zu hören. Meine Angst verschwand in dem Augenblick, in dem Helena den Lichtkegel der Taschenlampe umherschweifen ließ. Unzählige Reflexionen von Augen waren zu erkennen. *Wie viele Tiere sind hier eingesperrt?*

Mir stockte der Atem. Und dass nicht wegen des Gestanks. Wut ergriff mich. *Welche Bestie ist in der Lage dazu, so etwas zu vollbringen?* Mein Blick fiel auf eine Sau, die wenige Schritte entfernt zwischen engen Gittern eingepfercht war. Sie bewegte sich nicht, atmete nur langsam und stieß dabei angestrengte Zischlaute aus. Der Platz, der ihr geboten war, reichte geradeso, dass sie sich hinlegen konnte. Ihr Körper drückte dabei gegen den stählernen Käfig und wurde von den Streben eingeschnitten.

„Max, fang an zu filmen, verdammt!", zischte Paul und riss mich aus meiner Schockstarre.

Diese Bilder müssen der Welt gezeigt werden! Jeder bei klarem Verstand muss erkennen, dass es nicht rechtens ist, Lebewesen so zu halten. Ich nahm die Kamera zur Hand und begann damit, dem Lichtkegel der Taschenlampe zu folgen. Dicht hinter Helena lief ich, als wir den Gang zwischen den Ställen entlanggingen. Die Bilder, die sich mir boten, wurden immer grausiger.

In manchen der Buchten waren Säue mit Ferkeln eingepfercht, so dicht, dass gerade Platz für sie war. Einige der Tiere hatten ihre Kinder mit ihrem eigenen Körper zerquetscht. Hass trieb mir die Tränen in die Augen.

„Das darf nicht wahr sein!", schluchzte ich.

Als wir das Ende des Stalls erreichten, drehten wir um und liefen schneller zurück. Paul war uns nicht gefolgt, sondern hatte über der Tür ein Banner angebracht. Als wir aufeinandertrafen, zeigte er an die Decke.

„Seht, das ist der Grund, warum wir schleunigst verschwinden sollten."

Ich folgte seinem ausgestreckten Finger und sah ein kleines, rot blinkendes Licht.

„Kameras!", flüsterte Helena, die auch nach oben sah.

„Ja, Kameras. Und dennoch sind sie nicht auf das Leid gerichtet. Sondern sie dienen der Abwehr der unseren. Sie dienen der Sicherheit des lebendigen Kapitals."

Paul schwieg kurz, ehe er weitersprach: „Kommt jetzt. Es wird Zeit zu gehen."

Auf demselben Weg, wie wir hereingekommen waren, verließen wir das Gelände. Wir zogen unsere Sturmhauben ab und liefen mit schnellen Schritten weiter von der Massenzucht weg.

„Ich hoffe, du hast das alles gefilmt", sagte Paul schließlich, als wir einige hundert Meter Abstand zwischen uns und das Firmengelände gebracht hatten.

„Ich versichere dir, ich habe alles auf Band. Diese Bastarde kommen damit nicht durch."

„Wir müssen den Menschen begreiflich machen, dass diese Form der Landwirtschaft nichts mit Ökologie zu tun hat. Wir müssen den Bund der Bauern zu Fall bringen, ehe er noch mehr Macht erhält."

Paul redete sich in Rage und wurde immer lauter. Pure Emotionen schwangen in seiner Stimme mit: „Wir müssen diese aufgeblasenen Wichtigtuer in ihre Schranken weisen. Ständig reden sie davon, wie wichtig sie sind und das sie das Volk ernähren. Doch zu welchem Preis? Welchen Preis zahlt die Umwelt, als auch das einzelne Tier? Ich verachte diese Menschen! Das hier,", er zeigte hinter sich, „Abschussforderungen gegenüber Wölfen, Ausbeutung von Tieren! Dieser Verbund muss ausgelöscht werden!"

Seinen letzten Satz sagte er mit so viel Hass in der Stimme, dass ich eine Gänsehaut bekam. Doch in Anbetracht dessen, was ich vor wenigen Minuten selbst gesehen hatte, kam ich zu keinem anderen Schluss. Ich kannte das Gerede, dass die Sprecher dieser Landwirte von sich gaben. Als wären sie Heilige. Doch das, was ich gesehen hatte, hatte nichts mit der Liebe zur Natur zu tun, die sie ständig propagierten.

„Sie müssen fallen.", stimmte ich ihm mit geballten Fäusten zu.

Die Welt muss sehen, was ihr für Menschen seid!

Kapitel 20
Erinnerungen aus meiner Vergangenheit

Ich nippte nachdenklich an meinem Bier. Allmählich leerte sich die Flasche, während ich bewegungslos dasaß und mir den Kopf zermarterte. Den ganzen Tag über hatte ich mir diverse Konzepte für eine neue Aktion ausgedacht, die Texte für die Social-Media-Posts editiert und die aktuellen Zahlen des Unternehmens für meinen Vater in Form gebracht. Erst als das gewohnte Gefühl des Bieres an meinen Lippen ausblieb, da die Flasche inzwischen leer war, wurde ich zurück in die Gegenwart katapultiert.

Rasch stellte ich die leere Flasche unter den Schreibtisch und lenke meine Augen wieder auf den Bildschirm. Die letzten Worte, die ich geschrieben hatte, gefielen mir nicht. Ohne zu zögern, löschte ich sie und versuchte, einen besser klingenden Satz an ihre Stelle zu setzen. Doch nachdem ich den Punkt gesetzt hatte, löschte ich ihn erneut. *Das ist doch alles scheiße!* Frustriert schlug ich auf den Tisch vor mir.

Meine Augen waren auf die digitale Uhr am Rande des Bildschirms gerichtet. *Ich habe keine Zeit mehr!* Zur Abgabe des Monatsberichtes an meinen Vater blieben mir nur noch wenige Minuten. *Scheiße!* Ich stand auf und rieb mir, während ich um den Schreibtisch lief, meine Schläfen. Abrupt blieb ich mit geschlossenen Augen stehen.

Ich brauche einen Satz, der dem gerecht wird, was wir erreicht haben. Meine Gedanken drehten sich nur darum. Doch sie wurden durch die Zahlen, Statistiken und anderen Impressionen gehindert, die durch meinen Kopf schwirrten.

„Ich kann nicht mehr.", flüsterte ich und verließ das Büro.

Es war ein Jahr vergangen, seitdem wir den Deal mit meinem Vater abgeschlossen hatten. Und Großes hatten wir geleistet. Ein Umzug in ein Bürogebäude mit eigenen Räumlichkeiten für jeden von uns. Mein Büro verließ ich nun, die Tür knallte ich hinter mir zu.

Während ich in Richtung unseres Pausenraumes lief, zückte ich mein Smartphone. Auf dem Sperrbildschirm wurden mehrere Nachrichten angezeigt. Ich öffnete die am dringlichsten erscheinenden Textnachrichten von Paul und las sie während dem gehen durch. *Auch das noch ...* In seinen Nachrichten schrieb er mir, dass es von äußerster Dringlichkeit war, den Bericht an meinen Vater abzuschicken. Selbstverständlich schenkte er mir dabei sein Vertrauen, ihn vorzeigbar und zu Pauls Zufriedenheit abzufassen.

„Danke!", flüsterte ich, während ich den Pausenraum betrat.

Niemand war hier. *Wer will an einem Sonntagnachmittag auch arbeiten?*

Zielgerichtet lief ich auf den Kühlschrank zu, hielt aber inne, bevor ich die Tür öffnete. Neben dem Kühlschrank befand sich eine Küchenzeile, die gesamte Breite des Raumes ausfüllend. Hinter mir befanden sich mehrere

Sessel und Sofas, die uns bei unseren Feiern als Sitzgelegenheiten dienten. Ich hatte den Kühlschrank nicht geöffnet, da mein Blick auf einen Bierkasten gefallen war, der ungekühlt unter der Küchenzeile stand. Ich griff nach einer der warmen Flaschen und das Gefühl in meiner Hand linderte meinen Stress für einen kurzen Augenblick. Stets zog ich warmes Bier dem Gekühlten vor. Warum das so war, sehr zum Verdutzen aller Anwesenden, wusste ich nicht. Es schmeckte einfach besser. Alle Aromen entfalteten sich in warmen Zustand einfach besser - gekühltes Bier schmeckte, bis auf wenige Ausnahmen, immer gleich.

Mit einem Feuerzeug entfernte ich den Kronkorken. Nachdem ich einen Schluck genommen hatte, stellte ich das Bier ab und schrieb eine Antwort an Paul. Ich bestätigte ihm die erfolgreiche Berichterstattung an meinen Vater, wohlwissend, dass ich noch nicht fertig war. *Dann geht es jetzt wohl zur Sache.* Mit diesem Gedanken nahm ich das Bier und wollte gerade den Raum verlassen, als mir alle anderen Aufgaben einfielen, die mir noch auferlegt worden waren.

Inmitten der Bewegung hielt ich inne. *Wie soll ich all das schaffen?* In meinem Inneren tobten verschiedene Gefühle. Der Wille, alles zur Zufriedenheit der anderen zu vollbringen, kämpfte gegen eine bleierne Müdigkeit. Und für einen Moment schien diese Müdigkeit, die Oberhand zu gewinnen. Ich schloss meine Augen und atmete aus. *Ich bin alleine.* Niemals zuvor fühlte ich eine Einsamkeit in mir aufsteigen, die mich unter sich zu begraben schien.

Die Räume waren leer - ich war der Einzige im Gebäude, die Aufgaben schienen immer nur an mir zu hängen und ich sehnte mich nach einer Schulter, die mir Zuflucht und Ermutigung schenkte. Und als mein Verstand realisiert hatte, dass es niemanden gab, der mir diese Schulter bot, flammte etwas anderes in mir auf. Aus Trotz geboren und an meiner Verzweiflung gewachsen, gebot Wut der Verzweiflung Einhalt. *Euch werde ich es zeigen! Ihr werdet sehen, was ich zu tun vermag!*

Ich drehte mich um, lief zurück zum Kasten und nahm ihn in meine freie Hand. *Niemand soll bestreiten können, dass ich go green großgemacht habe.*

Ich verließ den Raum und ging zurück in mein Büro. *Es sind meine Schultern, auf denen all unsere Erfolge ruhen.* Den Kasten stellte ich neben meinem Schreibtisch ab, das angefangene Bier stellte ich neben die Tastatur. Ohne darüber nachzudenken, setzte ich einen Schlusssatz unter das Dokument und versendete es. *Das wäre geschafft.*

Wieder zog ich mein Smartphone zurate, um meine nächste Aufgabe abzuarbeiten. Zu meinem Erschrecken ploppte genau in diesem Moment eine Erinnerung auf: *Treffen mit Helena und Paul.* Ich sprang auf. Mein Handy verriet mir, dass ich in 15 Minuten eine Verabredung mit den beiden in einem Kaffee hatte. *Scheiße. Wie konnte ich das nur vergessen!* Innerlich ohrfeigte ich mich für dieses Versäumnis.

Mit wenigen Handgriffen warf ich mir meinen Mantel über, suchte Geldbeutel und Zigaretten und verließ mein Büro. Mitgenommen hatte ich das begonnene Bier, welches ich geleert hatte, noch bevor ich gewissenhaft die Eingangstür unseres Unternehmens abschloss.

Eine leere Straße lief ich entlang, bis ich zu meinem zerbeulten Auto kam. Es hatte nicht einmal eine Funkverriegelung. Mit zitternden Händen schloss ich die Fahrertür auf und wollte gerade den Motor starten, als mein Handy vibrierte. *Was ist denn jetzt?* Ich fingerte das klingelnde Smartphone aus der Innentasche meines Mantels und hielt inne. *Was zum Teufel?* Aufgeregt nahm ich den Anruf entgegen.

„Was willst du?"

„Hey. Es freut mich, dass ich dich erreiche", sagte eine wohlbekannte Stimme.

„Mich freut es weniger. Warum sollte ich dir meine Zeit schenken? Ich habe nicht viel davon, erst recht nicht für dich!", erwiderte ich patzig.

Eine Weile kam keine Antwort.

Doch schließlich sagte die Stimme am anderen Ende der Leitung: „Max, es tut mir leid. Können wir uns nicht treffen?"

„Warum? Sag mir, Nadja, warum sollten wir uns treffen?"

Noch während ich das sagte, hasste ich mich dafür. Ich hätte auflegen sollen. Doch eine Mischung aus Mitleid und Neugier hielt mich davon ab und errangen den Sieg über meine Wut gegenüber Nadja.

„Ich habe damals einen Fehler gemacht. Und diesen Fehler bereue ich sehr", sagte sie leise.

„Und was willst du jetzt von mir?", sagte ich, weniger scharf als ich es beabsichtigt hatte.

„Ich will bei euch mitmachen."

Ich zögerte einen Moment. Dann lachte ich. Meine Vernunft hatte gesiegt - das dachte ich zumindest. Während ich den Zündschlüssel umdrehte und den stotternden Motor zum Leben erweckte, legte ich auf. *Das ist wohl ein schlechter Scherz.*

Ich fuhr los, die Uhr wachend im Blick behaltend. *Nach einem Jahr und dem Erfolg kommt sie plötzlich an. Lächerlich!* Doch trotz diesem Gedanken, die scheinbar die Oberhand meiner Gefühlswelt ausdrückten, gab es noch etwas anderes in mir. Eine Seite, die bereit dazu war, einem jeden Menschen eine zweite Chance zu geben. Und so fuhr ich, mit dem Gedanken ringend, Nadja mit in mein Team zu nehmen, zum Treffen mit Paul und Helena.

Kapitel 21
Erinnerungen aus meiner Vergangenheit

„Was genau meinst du damit?", fragte ich und warf einen Blick auf das Papier, dass ich in meinen Händen hielt. *Das sieht doch anständig aus.*

„Ich sage, zum wiederholten Mal, dass wir über zu wenige Gelder verfügen." Die Antwort von Paul war scharf und kompromisslos gesprochen.

Ich atmete tief durch und sehnte mich nach einer Zigarette.

„Dann müssen wir unsere Einnahmen erhöhen", sagte Helena, die neben Paul saß.

Beide blickten mich an. Bevor ich antwortete, trank ich aus meinem Bier, hauptsächlich um Zeit zu gewinnen.

„Und wo wollen wir das Geld herholen?", sagte ich, nachdem ich das Glas wieder vor mir abgestellt hatte.

„Das solltest du doch erarbeiten!"

Ich zuckte nach diesen Worten, die Helena wie eine geschwungene Peitsche sprach, zusammen. Instinktiv nahm ich mein Smartphone zur Hand und checkte schnell meine Liste der zu erledigenden Aufgaben. Doch sie enthielt keinen derartigen Punkt. Ich schüttelte den Kopf, Tränen bildeten sich in meinen Augenwinkeln. *Was soll ich denn noch alles tun?* Der Gedanke war im ersten Moment übermächtig, ich konnte sein Gewicht förmlich auf meinen Schultern spüren. Schnell griff ich erneut zum Glas, blinzelte mehrmals und drängte sie zurück.

„Ich werde mich darum kümmern", sagte ich schließlich.

„Das will ich hoffen.", erwiderte Helena kühl und funkelte mich an.

Ich erwiderte ihren Blick für einen kurzen Moment. Doch lange konnte ich ihm nicht standhalten und ich starrte auf das Papier in meinen Händen. Ich atmete tief durch und versuchte das Gefühlschaos, in mir zu beruhigen. *Warum ist sie so zu mir? Was habe ich falsch gemacht?* Diese Gedanken musste ich jedoch zur Seite schieben, denn Paul sprach weiter.

Vielleicht hatte er mir mein Gefühlschaos angesehen, denn er sprach in beruhigendem Ton: „Ich werde mich darum kümmern. Vielleicht fällt mir etwas ein." Noch einfühlsamer setzte er hinterher: „Bis jetzt sehen die Zahlen auch gut aus. Du leistest gute Arbeit, Max."

Als ich meinen Blick wieder hob, sah ich gerade noch, wie Helena ihre Augen verdrehte. Dieser Anblick traf mich, wie ein Faustschlag ins Gesicht. Wut bahnte sich ihren Weg an die Oberfläche und ich öffnete den Mund, um ihr eine Beleidigung entgegenzuschleudern.

Doch in diesem Moment sagte Paul, während er aufstand: „Ich gehe kurz auf die Toilette."

So kam es, dass ich trotz der aufbrausenden Wut in mir, nur nickte. Nun saß ich alleine mit Helena am Tisch.

„Warum schaust du so böse?", fragte sie und lächelte mich an.

Ich blickte ihr in die Augen, fest entschlossen meiner Wut freien Lauf zu lassen. Doch sie sah mich so freundlich und verständnisvoll an, dass mir die Worte im Hals stecken blieben.

Sie nutzte die Verzögerung aus und redete weiter: „Ich weiß, er kann hart sein. Aber du weißt doch, er wird alle Probleme lösen."

Während sie sprach, legte sie eine Hand auf die Meine und die Berührung löste ein Gefühl der Glückseligkeit in mir aus. Schlagartig war mein Zorn verflogen und ich verlor mich in ihren Augen.

Stotternd sagte ich: „Ich weiß. Aber auch ich gebe alles, was ich kann."

Ihr Lächeln wurde noch breiter und ihre Hand drückte meine, als sie sagte: „Ich weiß, dass du hart arbeitest." Sie beugte sich über den Tisch und flüsterte: „Ich werde dich nach diesem Treffen für deine Mühen belohnen."

Ich bekam eine Gänsehaut, mein gesamter Körper kribbelte. Der Gedanke daran, mit ihr allein zu sein, schickte mich in ungeahnte Höhen der Glückseligkeit und Freude. Plötzlich zog sie ihre Hand zurück und im selben Moment hörte ich Schritte hinter mir. Kurz darauf erschien Paul in meinem Blickfeld. Er setzte sich wieder und lächelte uns abwechselnd an.

Dann sagte er: „Ich möchte an dieser Stelle festhalten, wie stolz ich auf das bin, was wir erreicht haben. Insbesondere danke ich dir, Max, für deinen unermüdlichen Einsatz."

Zuerst freute ich mich über seine Worte. Doch dann zuckte ein Gedanke durch meinen Kopf, der einen Schatten auf die Freude warf: *Die wollen mich doch nur bei der Stange halten!* Ich schluckte den Missmut, der in mir aufkeimte, erneut herunter und prostete den beiden zu.

„Was gibt es noch?", fragte ich dann und verstaute das Papier wieder in meiner Aktentasche.

„Ich habe eine neue Aktion geplant. Aber den Plan schicke ich euch per Mail. Hat noch jemand was zum Besprechen?"

Ich zögerte. *Soll ich ihnen von Nadjas Anruf berichten? Sie werden sicherlich sagen, dass sie nichts bei go green zu suchen hat. Und auch ich würde so antworten.* Ich nahm einen weiteren Schluck vom Bier. Dabei fiel mir auf, wie stark ich den Alkohol bereits spürte. Das leichte Gefühl der Schwerelosigkeit war bereits einem Gefühl der Schwere gewichen, dass mich daran hinderte, schnelle und fokussierte Gedanken zu fassen. *Andererseits könnte sie meine Verbündete werden. Jemand, der meine Ideen und Gedanken auch vertritt. Und sie könnte mir Arbeit abnehmen.*

Ich setzte das Glas ab und räusperte mich. Alle Augen waren auf mich gerichtet.

„Was liegt dir auf dem Herzen?", fragte Paul.

Ich nahm all meinen Mut zusammen und klammerte mich an meine letzten Gedanken fest.

Mit leicht zitternder Stimme sagte ich: „Nadja hat angerufen. Sie will mitmachen."

„Was?", fuhr es aus Helena heraus und auch Paul sah nicht gerade erfreut aus.

Doch mit jedem Wort, das ich sprach, wurde meine Stimme fester und meine Überzeugung stieg: „Ich bin davon überzeugt, dass sie uns noch immer helfen kann. Sie hat eine gute Ausbildung genossen und könnte uns viel Arbeit in Bezug auf Social Media abnehmen."

Nachdem keiner der beiden sofort etwas sagte, setzte ich hinterher: „Sie könnte vor allem mir viel Arbeit abnehmen. Dann hätte auch ich mehr Zeit, mich unseren Aktionen zu widmen."

Lange sagte niemand etwas. Doch ich konnte Helena ansehen, dass ihr etwas auf der Zunge brannte, dass sie nur zurückhielt, da Paul noch nichts gesagt hatte.

Nachdem ich mein Glas ausgetrunken hatte, sagte Paul schließlich etwas: „Wenn du denkst, dass sie geeignet ist, möchte ich ihr eine Chance geben. Aber du trägst die Verantwortung. Und sie erhält keinerlei Gelder aus unseren Einnahmen."

Ich nickte langsam. *Damit habe ich nicht gerechnet.* Ein Grinsen huschte mir übers Gesicht, als ich Helenas angepissten Gesichtsausdruck bemerkte. Doch zugleich tat sie mir leid. Ich konnte nichts tun, dass sie unglücklich machte.

„Oder vielleicht lassen wir das", sagte ich. Meine Worte ließen Helen sichtbar aufhorchen.

Doch mein Aufbegehren wurde von Pauls Worten niedergeworfen: „Du hast eine Idee und somit auch einen Plan. Wir probieren das aus."

Er hatte so gebieterisch gesprochen, dass ich jeden Gedanken an Widerspruch aufgab.

„Dann wäre das ja alles." Paul stand auf, reichte mir die Hand und umarmte Helena.

„Machts gut, wie ich euch kenne, werdet ihr noch etwas bleiben."

Er verließ das Restaurant und ließ mich und Helena zurück. Sie blickte mich eine Zeit lang an.

Als mir ihr Blick zu unangenehm wurde, sagte ich: „Sollen wir rauchen gehen?" Sie nickte und als wir aufstanden, lächelte sie wieder.

„Max, wie wäre es, wenn wir heute feiern?"

„Ich weiß nicht, ob heute der richtige Tag dafür ist", sagte ich, während wir nach draußen liefen.

Unbeirrt antwortete sie: „Jeder Tag ist der Richtige. Bitte, Max, ich muss etwas mit dir besprechen. Etwas, das nur dich was angeht."

Sie nahm eine Zigarette aus der Schachtel, die ich ihr anbot, und schenkte mir ein so herzliches Lächeln, dass mein Herz schmelzen ließ.

Ich zündete zuerst ihre, dann meine Zigarette an und sagte: „Wie du willst. Ich bin gespannt."

All meine Zweifel waren in dem Moment ausgeräumt worden, in der sie meine Hand mit dem Feuerzeug berührte und ihre Finger sanft über die meinen strichen.

Kapitel 22

Erinnerungen aus meiner Vergangenheit

Das Lachen Helenas schallte durch den Raum. Der Klang ihrer Stimme erfüllte mich mit einem Gefühl, dass atemberaubend war. Der Klang ihres Lachens war eine Symphonie verschiedener Klänge, die in mir die Saiten meines persönlichen Glückes anstießen und zum Schwingen brachten. Helena sah mich an. Ihre Augen schienen mich zu durchdringen und hielten die meinen fest. *Sie ist wunderschön.*

Ich stand auf und folgte ihrem Wink, zu ihr herüberzukommen. Zuvor saß ich auf einem der Sessel in unserem Pausenraum. Musik lief über eine Box, zu deren Klängen sich Helena rhythmisch bewegte. Und wie sie sich bewegte! Sie wusste genau, was sie tat.

Gebannt vom Anblick ihres Körpers, lief ich auf sie zu. Sie ergriff meine Hand und wir tanzten. Ich hatte keine Ahnung, was ich da tat, doch das war in diesem magischen Augenblick egal. Als das Lied zu Ende war, lachten wir beide und lagen uns in den Armen. Ich war glücklicher als jemals zuvor.

„Ich denke, es wird Zeit", sagte sie und löste sich aus unserer Umarmung.

Sofort hatte ich das Gefühl eines Verlustes. Sie fehlte mir, obwohl sie im selben Raum war wie ich.

„Zeit für was?", fragte ich, obwohl ich die Antwort bereits kannte.

Helena lachte und kniete sich auf den Boden. Ihr Anblick elektrisierte mich und jede einzelne Zelle meines Körpers kribbelte. Alles zusammen ergab eine Mischung, die für sich allein, äußerst berauschend war. Ich trat hinter sie, nicht ohne einen Blick auf ihre verführerischen Kurven zu werfen und ging neben ihr in die Hocke. Auf dem Beistelltisch, in der Mitte der Sitzgruppen, platzierte sie mehrere Lines. Der Anblick der feinen, weißen Linien betörte mich in Verbindung mit ihrer Anwesenheit umso mehr.

„Ich fange an", sagte sie und zog eine der vorbereiteten Lines.

Dankend nahm ich den gerollten Geldschein an und verabreichte mir ebenfalls eine Dosis des berauschenden Giftes. Mein Gesicht wurde nach und nach taub, doch ich spürte nur die Berührung ihres Beines mit dem meinen. *Ich liebe diese Frau!* Meine Hand zuckte, ohne eine bewusste Entscheidung, zur Seite und legte sich auf ihr Bein. Sie drehte ihren Kopf zu mir und sah mich lange an. *Diese Augen!* Als ich das Gefühl hatte, dass ich mich nur noch nach vorne beugen musste, um sie zu küssen, stand sie auf.

Meine Enttäuschung wurde direkt durch ein breites Lächeln von ihr gemildert.

„Was willst du trinken?", fragte sie und lief zur Küchenzeile.

„Dasselbe wie immer", antwortete ich und setzte mich wieder auf einen der Sessel.

Helena kam mit zwei Bier zurück, reichte mir eines davon und setzte sich gegenüber von mir. Plötzlich stoppte sie die Musik mit einem Tippen auf mein Smartphone, welches auf dem Tisch lag. Die plötzlich eintretende Stille gefiel mir nicht. Doch ihre Worte taten es noch weniger.

„Ich muss mit dir reden", sagte sie und sah mich ernst an.

Ich war verwirrt. *Habe ich etwas falsch gemacht?* Die Gedanken überschlugen sich in meinem Kopf.

Nach einer Zeit, gerade als die Stille ohrenbetäubend wurde, fragte ich: „Was gibts?"

Eigentlich hatte ich mehr sagen wollen, doch mehr bekam ich gerade nicht heraus. Zu belastend war die abrupte Unterbrechung der Feierstimmung über mich hereingebrochen. *Was kommt jetzt?* Ich zwang mich dazu, ihren Blick zu erwidern - was mich einige Mühe kostete.

„Ich weiß nicht, wie ich mit dir darüber sprechen soll. Aber du bist der Einzige, dem ich es anvertrauen kann."

Ich lehnte mich nach vorne, um etwas näher bei ihr zu sein und trank einen Schluck. Ich sah, wie sie mit sich selbst rang, wie sie dagegen kämpfte, etwas zu sagen, dass sie nicht zurücknehmen konnte.

„Du kannst mir alles sagen. Ich werde immer für dich da sein", sagte ich, um ihren inneren Konflikt zu unterbinden.

Sie blinzelte mehrmals schnell, als würde sie Tränen zurückdrängen und sagte langsam: „Ich weiß nicht, ob du der Richtige bist, um darüber zu reden."

„Aber du sagtest doch, ich sei der Einzige, mit dem du Reden kannst.", fuhr es schneller aus mir heraus, als ich beabsichtigt hatte.

„Und genau das ist das Problem", sagte sie traurig.

Ich lehnte mich zurück. Denn ich hatte das Gefühl, dass mir das Folgende nicht gefallen würde.

Während ich meine Beine übereinanderschlug, sagte ich: „Du hast schon damit angefangen. Erzähle mir, was dir auf dem Herzen brennt." In sanfterem Tonfall fügte ich hinzu: „Ich werde dich verstehen. Ich kann dir helfen."

Eine Träne rollte aus dem Augenwinkel von Helena. Der Anblick brach mir beinahe das Herz und ich wollte aufspringen und sie abwischen. Doch eine leise Stimme in meinem Inneren hielt mich davon zurück. Eine Vorahnung legte sich auf mein Herz. Ein Gefühl, das mir sagte, dass sie mich mit ihren nächsten Worten zutiefst verletzten würde.

Auf einen Schlag fühlte ich mich unwohl. Ich war alleine mit ihr im Raum, niemand der mir einen Ausweg bot. Niemand, der mir beistehen konnte. Dieses Gefühl hatte ich in meinem Leben bereits öfter gehabt. Und je öfter es aufgetreten war und mir niemand half, desto schlimmer wurde es beim nächsten Mal. Doch der Anblick meiner weinenden Liebe ließ mich gegenüber diesem Gefühl gewappnet sein.

„Ich kann dir helfen.", wiederholte ich.

Ich spürte, wie das Kokain meinen Rachen herablief, und trank hastig, um es aus meinem Hals zu spülen. Danach nahm ich meine Zigaretten zur Hand und bevor Helena eine Geste machen konnte, bot ich ihr auch eine an.

Nachdem ich ihre Zigarette angezündet hatte, ich lehnte mich nur so weit vor, wie nötig war, begann sie zu sprechen: „Ich bin verzweifelt."

Fragend sah ich sie an, auch wenn ich ahnte, worauf sie hinaus wollte.

Mein Schweigen veranlasste sie zum Weitersprechen: „Paul weißt jedwede Andeutungen meinerseits ab. Und dabei ist alles, was ich will seine Anerkennung und Zuneigung."

Ich ließ mir nicht viel Zeit, ihr darauf zu entgegnen: „Das geht mir genauso."

Sie blickte mich an und schüttelte den Kopf.

Auch wenn ich nicht aussprechen wollte, auf was sie anspielte, tat ich es dennoch: „Ich weiß, dass du seine Liebe willst. Ich bekomme es immer wieder aufs Neue zu spüren."

Bei meinem letzten Satz huschte ein Schatten über ihr Gesicht. Doch sie hatte sich schnell wieder unter Kontrolle und sie sah mich wehleidig an.

„Max, verstehst du mich? Ich will nur ihn. Ich will ihn glücklich machen. Ich will für ihn wichtiger sein, als es go green ist. Ich will die Frau für ihn sein - kompromisslos."

Ihre Worte schlugen tiefe Wunden in meiner Seele. Ich schluckte und kämpfte meinen aufbegehrenden Stolz herunter. Auch wenn ich sie für diese Worte hasste, so trafen sie wider meines willens doch auf Verständnis. *Ich fühle genauso!* Ich musterte sie eindringlich - verlor mich abermals in ihrer Schönheit.

„Ich liebe dich", flüsterte ich.

Diese Worte waren mir einfach über die Lippen gerutscht. Niemals hätte ich sie bewusst ausgesprochen. Bestürzt sah sie mich an.

„Was hast du gesagt?", keuchte sie.

Diese Worte machten mich wütend. Ich war mir damals nicht bewusst warum, doch sie lösten einen Zorn in mir aus, den ich nur schwer abschwächen konnte, als ich entgegnete: „Tu doch nicht so! Du spielst mit mir. Das weiß ich genau."

Meine Worte schienen sie hart zu treffen. Ihre Tränen liefen ungehindert über ihre Wangen und sie trank hastig aus ihrem Bier. Als wir uns gegenseitig ansahen, begann das Kokain seine Wirkung zu entfalten. Trotz meiner inneren Aufgewühltheit spürte ich, wie mein Herz kraftvoller pochte und ich hellwach wurde. Pure Energie schien meine Adern zu durchfluten. Am liebsten hätte ich diese in Zorn umgewandelt, wäre aufgesprungen und hätte vor Wut auf die Wand eingeschlagen. Doch ich riss mich zusammen.

„Ich kann nichts dafür, dass du dich in mich verliebt hast. Aber ich wollte dich nie." Helena stand auf und sah mich von oben herab an.

„Ich wollte immer nur ihn!"

Selbst wenn ich meiner Wut freien Lauf gelassen hätte, hätten diese Worte dafür gesorgt, dass ich inmitten meiner Raserei gestoppt worden wäre. Eine glühende Klinge in mein Herz zu stoßen, wäre weniger schmerzhaft gewesen. Ich weinte, es wäre mir nicht gelungen, es zu verbergen.

„Du willst also nur ihn", sagte ich heiser.

Ihre Antwort ließ eine gefühlte Ewigkeit auf sich warten.

„So ist es", sagte sie. Und ihre Worte waren in einer Art und Weise gesprochen, die jedweden Zweifel im Keim erstickte.

Ich trank mein Bier halb leer, wischte mir die Tränen aus den Augen und sagte: „Was willst du von mir?"

Helena kam auf mich zu.

„Ich will, dass du meine Wünsche erfüllst."

„Und du denkst, dass ich dazu fähig bin?"

Helena stand jetzt genau vor mir, eine Armlänge entfernt.

„Wer, wenn nicht du, sollte dazu fähig sein?"

Warum tust du mir das an? Ich war verzweifelt. Doch ihre Anwesenheit war mir so teuer, dass ich ihr niemals einen Wunsch versagen hätte können. Selbst wenn dieser Wunsch mein Herz in tausend Teile zerfetzte.

Schluchzend sagte ich: „Ich werde dir helfen." Und zu meiner eigenen Überraschung fügte ich hinzu: „Aber was habe ich davon?"

Als hätte Helena darauf gewartet, kniete sie sich vor mich.

Während sie meinen Gürtel öffnete, flüsterte sie: „Du bekommst mich. Ein einziges Mal."

Kapitel 23

Erinnerungen aus meiner Vergangenheit

Ich starrte auf die Wörter, die sich schier endlos erscheinend über meinen Bildschirm zogen. Doch keinen der Sätze konnte ich in seiner Bedeutung erfassen. Meine Gedanken waren auf Vergangenes gerichtet.

Die Zärtlichkeit, die mir letzte Nacht entgegengebracht wurde, schien im ersten Moment Balsam für meine Seele zu sein. Doch je länger ich darüber nachgedacht hatte, desto schlechter fühlte ich mich. *Ihr Interesse an mir beruht einzig und allein darauf, dass ich ein gutes Wort bei Paul für sie einlege.*

Ich schloss meine Augen und kämpfte gegen die aufkommenden Tränen an. Am liebsten hätte ich geweint, doch ich versagte mir dieses Gefühl. Ich empfand nichts als Hass und Wut - nicht auf Helena oder Paul, sondern auf mich selbst. *Warum hast du das zugelassen? Wie konntest du dich nur so manipulieren lassen?*

Ich sprang auf, drehte mich zu meinem Stuhl um und schlug mehrfach auf die Sitzfläche ein.

„Scheiße!", brüllte ich und trat gegen mein Hassobjekt.

Als ich gerade den Bildschirm greifen wollte, um ihn quer durch den Raum zu schleudern, hielt ich inne. *Genug!* Langsam löste ich meine Finger vom Bildschirm und strich mir eine Träne aus dem Augenwinkel. Es war die

Einzige, die es trotz meines Versuches sie zurückzuhalten, nach draußen geschafft hatte. Ich schüttelte den Kopf. *Ich kann heute nicht arbeiten.*

Ich winkte ab und verließ mein Arbeitszimmer. *Soll er sich selbst drum kümmern.* Ich betrat mein Wohnzimmer und ließ mich auf die Couch fallen. *So eine Scheiße!* Einen kurzen Moment saß ich vollkommen ruhig da. *Was würden die zwei denn ohne mich auf die Reihe bekommen?*

Ich beantwortete mir die Frage selbst, während ich aufsprang: „Nichts. Die zwei Spasten würden nichts hinbekommen."

Mit zwei großen Schritten war ich am Kühlschrank und nahm eine Flasche Pfefferminzlikör daraus. „Diese abgefuckten Penner sollten sich mal fragen, was sie ohne mich wären."

Ich trank während der nun folgenden Hasstirade ungehemmt aus der Flasche. Und ich beruhigte mich allmählich. Ich stellte die Flasche vor mir auf dem Wohnzimmertisch ab und ließ mich nach hinten in die Lehne der Couch fallen. Mit geschlossenen Augen saß ich da. Und ich fühlte mich elend. Der Gedanke an die Wahrheit, an meine Wahrheit, hatte sich in meinem Kopf manifestiert.

Ich bin alleine. Ganz alleine.

Ich war in diesem Moment an einem solchen Tiefpunkt angelangt, dass ich mich nicht mehr zurückhielt meiner Trauer freien Lauf zu lassen. Ich weinte ungehemmt, beugte mich nach vorne und krümmte mich zusammen. Ich wusste nicht, wie lange ich im Wohnzimmer saß und weinte, doch irgendwann versiegten die Tränen. Ein neuer

Gedanke war mit jeder vergossenen Träne aufgekeimt und der Spross dieses Gedankens war zu einer schmächtigen Blüte herangewachsen. *Sie brauchen mich. Und so habe ich dieses Laster zu tragen. Doch was ich begonnen habe, will ich zu Ende bringen.*

Ich stand auf und ging ins Badezimmer. Mit kaltem Wasser wusch ich die Beweise meiner Schande aus meinem Gesicht. Ich sah mich im Spiegel an. *Weiter machen. Immer weitermachen.* Ich lächelte mich so lange an, bis ich mir mein Lachen selbst abnahm und ihm Glauben schenkte.

Als ich das Badezimmer verließ, fiel mir auf, wie stark der Alkohol bereits in meinem Körper wütete. Beinahe hätte ich den Türrahmen mitgenommen. *Auch das noch. Ich muss weiterarbeiten!*

Ich ging zurück ins Arbeitszimmer und öffnete die Abhilfe verschaffende Schublade. Nachdem ich mir eine überlange Line Kokain gegönnt hatte, ging ich in die Küche. Ein Glas Wasser trinkend wartete ich, bis sich die ersten Anzeichen der Wirkung einstellten. Mein Kopf wurde wacher, mein Verstand schärfer und die lähmende Wirkung des Alkohols wurde schwächer und schwächer.

Jetzt kann es weitergehen.

Ich hatte gerade mit dem Aufräumen meines kleinen Gefühlsausbruches begonnen, da klingelte es.

„Was ist denn jetzt?", flüsterte ich erstaunt.

Während ich zur Tür lief, nahm ich mein Smartphone zur Hand und warf einen Blick in den Kalender. *Scheiße.* Bei all den Ereignissen und Aufgaben hatte ich einen wichtigen Termin vergessen. *Zum Glück kam sie nicht während meines Gefühlsausbruches. Da habe ich wohl nochmal Glück gehabt.*

Mit einem Drücken auf die Sprechanlage öffnete ich die Eingangstür und wartete, bis ich Schritte im Treppenhaus hörte. Ich wischte mir mehrmals mit dem Finger unter der Nase entlang, bevor ich die Tür öffnete. Dem Ton nach zu urteilen, der sich klackernd im Treppenhaus ausbreitete, trug sie High Heels. Noch bevor sie die letzte Treppe genommen hatte, drang mir der Duft ihres Parfums in die Nase. Es war ein angenehmer Duft - doch etwas zu dick aufgetragen.

„Musst du unbedingt im ersten Stock wohnen?", sagte sie zur Begrüßung.

„Es freut mich, auch dich zu sehen, Nadja", erwiderte ich und bat sie mit einer Geste herein.

Die Umarmung, die sie mir offensichtlich geben wollte, lehnte ich mit mehreren Schritten ins Innere meiner Wohnung herein ab. Sie schien sich davon nicht aus dem Konzept bringen zu lassen und folgte mir. Nachdem ich die Tür geschlossen hatte, drückte sie mir ihren Mantel in die Hand, den ich auf einen Kleiderbügel gepackt an die Garderobe hängte.

„Hier wohnst du also." Nadja drehte sich im Kreis und ließ ihren Blick durch die Wohnung schweifen. Dann fokussierte sie mich und sagte: „Etwas zu klein für einen so erfolgreichen Menschen, findest du nicht?"

„Mir genügt es", sagte ich scharf.

Ich lass mir von einer kleinen verwöhnten Bitch nicht auf der Nase herumtanzen.

„Wie ich sehe, hast du aber ein Talent fürs Feiern entwickelt", sagte sie und trat auf mich zu. Sie streckte ihre Hand aus und entfernte einen weißen Rückstand unter meiner Nase.

„Das ist von meiner Creme. Ich habe eine trockene Nasenscheidewand."

„Woran das nur liegt", erwiderte sie lachend und setzte ernster gesprochen hinterher: „Lüg mich nicht an. Das wäre nicht gut für unsere Geschäftsbeziehung."

Sie lief ins Wohnzimmer hinein und setzte sich auf die Couch.

„Bietest du mir jetzt auch ein Näschen und etwas zu trinken an, oder soll ich mir das nächste Mal selbst was mitbringen?"

Mir fiel auf die Schnelle kein passender Konter ein und so blieb mir nichts anderes übrig, als zum Kühlschrank zu laufen. „Ich nehme an, du trinkst Wein oder Sekt?"

„Sekt? Eigentlich Champagner, aber wenn es den nicht gibt, muss ich mich wohl damit zufriedengeben."

Arrogantes Stück! Ich knallte ihr die ungeöffnete Flasche Sekt zusammen mit einem Glas auf den Tisch und lief ins Büro. *Wo das wohl hinführen wird?* Missmutig nahm ich meinen Stoff und das zugehörige Werkzeug aus dem Büro und kehrte ins Wohnzimmer zurück. Begierig stürzte sie sich auf das Kokain. Während sie damit beschäftigt war, sich eine Line zu legen, ging ich in die Küche und nahm mir ein Bier zur Hand. Nachdem ich mich gesetzt hatte, nahm ich eine Zigarette und zündete sie genüsslich an.

„Was willst du von mir, Nadja?", fragte ich schließlich und sah sie durchdringend an.

„Ich will bei euch mitmachen. Das habe ich doch gesagt. Aber ich sehe schon, ich habe in dir keinen Freund gefunden."

Noch bevor ich aus meiner Haut fahren konnte, um ihr klar und deutlich zu erklären, was sie für eine Nummer abgezogen hatte, fügte sie hinzu: „Aber ich habe ein gutes Angebot für dich. Das wird dich sicher überzeugen."

Sie nahm ihr Smartphone zur Hand und tippte eifrig darauf herum.

„Sieh selbst", sagte sie und im selben Moment vibrierte mein Handy.

Ich warf ihr nochmal einen eindringlichen Blick zu, ehe ich mir ihre Nachricht ansah. *Was zum Teufel?* Ich atmete scharf ein.

„Ich wusste, dass dir das gefällt", sprach sie in sanftem Ton und schenkte mir ein breites Lächeln.

Kapitel 24

Erinnerungen aus meiner Vergangenheit

Ich drückte meine Zigarette aus und betrat das Gebäude. Mein Kopf schmerzte - ständiger Schlafentzug und Substanzmissbrauch machten sich bemerkbar. Hinter mir fiel die Eingangstür scheppernd ins Schloss.

Das Bürogebäude befand sich am Rand eines Industriegebietes und hatte seine besten Tage bereits hinter sich. Doch für etwas Besseres reichte das schmale Budget nicht. Im Erdgeschoss hatte sich eine Reinigungsfirma eingemietet, im ersten Stock befanden sich unsere Räumlichkeiten. Über eine Treppe erreichte ich die Tür, an der die Beschriftung *Firmensitz go green GmbH*, das neueste war.

Als ich eintrat und auf den Pausenraum zusteuerte, konnte ich aufgeregtes Tuscheln und Kichern hören. Mich erstaunte immer wieder, welch wechselnde Gesichter Paul zu bieten hatte. Vom routinierten Redner und knallharten Geschäftsmann zum kichernden Kleinkind - alle Facetten eines Lebens spiegelten sich in ihm wider.

Bevor ich den Raum betrat, warf ich noch ein paar Schmerztabletten ein. Ich strich mit dem Daumen über die Beschriftung auf dem Medikamentenblister. *Gutes Zeug.* Bereits der Gedanke daran, dass die Tabletten bald wirken würden, ließen meine Kopfschmerzen besser werden.

Sorgfältig steckte ich das Medikament zurück in die Innentasche meines Mantels. *Das braucht niemand zu wissen.*

Schwungvoll riss ich die Tür auf. Beide saßen direkt gegenüber Tür, nebeneinander auf einem der Sofas und zuckten zusammen.

„Guten Morgen, meine Freunde", sagte ich, ließ sie links liegen und nahm mir zwei Bier zur Hand.

Noch bevor ich mich gegenüber von ihnen setzte, hatte ich das erste Bier geöffnet und es mit mehreren kräftigen Schlucken, zur Hälfte geleert. Ich schlug die Beine übereinander und blickte beide an. Mit meinem Eintreten hatte sich ihre Miene verändert. Ihre Unbeschwertheit war verschwunden und sie sahen mich eindringlich an. Paul zeigte seine Verachtung über die zwei Biere in meiner Hand unverblümt. *Warum Helena mich so anschaut, weiß ich! Wenn Paul wüsste, was du letztens getan hast.* Trotz meiner Wut, die ich bei ihrem Anblick empfand, mied ich ihren Blick.

Um das Schweigen zu brechen, sagte ich: „Was haben wir heute zu bereden?"

„Würdest du dich nicht immer vollkommen gehen lassen, müsstest du nicht danach fragen!", sagte Paul scharf.

Seine Augen blitzen mich an und befeuerten die Wut, die in mir die Oberhand gegenüber der Gelassenheit gewann. Ich presste meine Lippen aufeinander und biss mir auf die Zähne. *Was ist denn jetzt? Was wollt ihr von mir?* Ich hätte meine Gedanken gerne lauthals herausgeschrien, doch ich zügelte mich im letzten

Moment. Stattdessen trank ich, so provokant, wie es mir möglich war, einen Schluck und sammelte währenddessen meine Gedanken.

„Ich weiß ganz genau, warum wir hier sind. Und warum dich eine einfache Floskel der Höflichkeit so in Rage bringt, weiß ich nicht", sagte ich schließlich mit einem Zwinkern und stellte eine der beiden Flaschen auf dem Tisch ab.

Die Pause die nun folgte nutzend, sprach ich weiter: „Wir sind da, um deine bahnbrechende Idee zu besprechen."

Einen Moment lang funkelte Paul mich weiter an, dann lehnte er sich zurück und schien sich zu entspannen. Helenas Hand, die sanft auf seinem Knie ruhte, war mir ein Dorn im Auge. Demonstrativ sah ich nur ihn an, ihr schenkte ich keinen meiner Blicke.

„Also, was hast du? Ich habe selbst eine neue Möglichkeit gefunden, um unser Finanzierungsproblem zu lösen."

Trotz meines Wissens darüber, dass Paul es nicht leiden konnte, wenn man in seiner Gegenwart rauchte, nahm ich mir eine Zigarette zur Hand. Genüsslich zündete ich mir eine an und konnte mir nicht verkneifen, die geöffnete Schachtel in Richtung von Helena zu strecken.

„Nein danke", sagte sie leise.

Ihre Worte ließen mich für einen Augenblick lächeln. *Ich weiß genau, dass du eine rauchen willst!* Ich zog an meiner Kippe und nickte. *So sehr hat er dich also schon im Griff.*

„Deine Idee können wir später besprechen", sagte Paul.

Seine Stimme war ruhig und kräftig, wie man es von ihm kannte. *Das war ja klar.* Ich fühlte mich gleichermaßen schlecht und gut. Einerseits war ich in meiner Loyalität, die ohne jeden Zweifel Paul galt, neugierig auf seinen Vorschlag. Andererseits wurmte es mich, dass meine Idee mal wieder hinten angestellt wurde. Mit einer Geste deutete ich ihm an, seine Gedanken endlich offenzulegen.

„Seine Idee ist genial. So wie alle!", sagte Helena und zögerte Pauls erklärende Worte weiter hinaus.

Ich versagte mir einen schnippischen Kommentar und richtete meine Augen auf die seinen. Endlich begann er zu erklären.

„Wir haben den ersten Schritt meiner Vision wahr gemacht. Dein Vater,", er zeigte mit dem Finger auf mich, „hat uns die Möglichkeit gegeben, als Tochtergesellschaft Fuß in der Medienbranche zu fassen. Doch uns fehlen die Gelder für großflächige Unternehmungen. Go green muss eine internationale, weltweit agierende Bewegung werden. Und leider brauchen wir für den Schutz der Umwelt Unmengen an Geld. Doch wie bekommen wir es?"

Paul legte eine rhetorische Pause ein und sah zuerst Helena und schließlich mich an. *Was soll diese unnötige Hinauszögerung? Offensichtlich hast du Helena bereits alles erzählt!* Ich warf meine Kippe in den letzten Rest der Bierflasche und tauschte sie gegen die Volle aus. Als ich mich wieder zurücklehnte, spürte ich, wie der Alkohol mit der Wirkung der Schmerzmittel kollidierte. Ein berauschendes, aber angenehmes Schwindelgefühl breitete sich in mir aus.

„Ich wurde von einer Firma kontaktiert. Sie boten mir viel Geld für eine Gegenleistung an."

Eine Firma bietet uns Geld? Da muss mehr dahinterstecken! Ungeduldig deutete ich ihm mit einer Geste an, weiterzusprechen.

„Zuerst wollte ich direkt ablehnen. Aber dann kam mir eine Idee. Meine Vision wurde um ein wichtiges Puzzleteil ergänzt."

Jetzt reicht es mir!

Ich lehnte mich nach vorne und sagte laut: „Sag jetzt endlich, um was genau es geht! Hör auf, dich hier selbst zu beweihräuchern. Das ist in diesem Rahmen unnötig!"

Entgegen meiner Erwartung ließ sich Paul nicht aus der Fassung bringen. Er schien meine ausgedrückte Ungeduld zu genießen. Und was noch schlimmer war, Helena grinste mich an. Ihr Gesichtsausdruck war beinahe bösartig. Ich zündete mir eine weitere Zigarette an.

„Begreifst du es noch nicht?", fragte Paul und schüttelte den Kopf.

Er flüsterte mir unverständliche Worte vor sich hin. *Ich raste hier gleich aus!* Dank der Zigarette bezähmte ich meine Wut und konzentrierte mich nur auf den Rauch in meinen Lungen. Mein Herz schlug kräftig und schnell, als ich mich zurückfallen ließ und meine Augen schloss. Allmählich dämmerte es mir, worauf Paul hinauswollte.

Doch ehe ich den Gedanken richtig greifen konnte, sprach er weiter: „Uns wurde Geld dafür geboten, eine konkurrierende Firma anzuschwärzen. Dafür werden wir überaus gut bezahlt. Zunächst hielt ich es für nicht vereinbar mit unserem Ziel, doch dann änderte ich meinen Blickwinkel."

Paul lehnte sich nach vorne, fokussierte mich, nachdem ich meine Augen wieder geöffnet hatte.

„Durch das Geld können wir unsere Reichweite erhöhen und unsere Bewegung vergrößern. Unser Ziel wird dadurch greifbarer."

„Ich verstehe dich", sagte ich leise.

Das ist falsch.

„Wirklich? Du scheinst es nicht zu begreifen! Wir müssen den einen Tod sterben, um stärker daraus hervorzugehen."

Ich nickte langsam.

Schließlich sagte ich mit fester Stimme: „Ich kenne einen besseren Weg."

Nach diesen Worten genoss ich nun die vollkommene Aufmerksamkeit meiner Partner.

„Dann erleuchte uns", sagte Paul.

Unverhohlen schwang in seinen Worten Skepsis und Misstrauen mit. Mit einer Hand wischte ich mir Schweißtropfen von der Stirn. Mir war heiß und ich hatte Mühe, dass Karussell in meinem Inneren anzuhalten. *Ich glaube, es waren zu viele Pillen!* Ich riss mich zusammen und begann mit stockender Stimme von meinem Treffen mit Nadja zu berichten.

„Versteht ihr? Ihre Eltern stellen uns Geld zur Verfügung. Nur damit sie bei uns mitmachen darf!"

Mit meinem letzten Satz krallten sich meine Hände in die Lehnen des Sessels. Ich hatte das Gefühl, dass ich mich übergeben müsse, und meine Kopfschmerzen waren zurückgekehrt.

„Das ist ebenfalls ein gutes Angebot", sagte Paul.

„Wir müssen alles gut abwägen.", warf Helena ein.

Plötzlich wurde mir schwarz vor Augen.

„Max, geht es dir gut?", sagte Paul.

Doch seine Worte drangen nur gedämpft an mein Ohr. Ich spürte nur noch, wie ich vornüber vom Sessel fiel.

Scheiße!

Das war mein letzter Gedanke, ehe die Schwärze überhand gewann und das Rauschen in meinen Ohren ohrenbetäubend wurde.

Kapitel 25
Erinnerungen aus meiner Vergangenheit

Zuerst hörte ich nur gedämpfte Stimmen, sehen konnte ich nichts. Das Rauschen in meinen Ohren nahm langsam ab und die Stimmen wurden klarer. Doch verstehen, was gesagt wurde, konnte ich nicht. Alles, was ich zu diesem Zeitpunkt wusste, war, dass ich auf dem Rücken lag.

Mit aller Kraft versuchte ich meine Augen zu öffnen, doch es gelang mir nicht. Panik breitete sich in mir aus. *Wo bin ich? Was ist geschehen?* Ich versuchte, meine Beine zu bewegen, doch ich spürte keine Rückmeldung von ihnen. *Ich muss ruhig bleiben!* Doch obwohl ich diesen Gedanken stetig wiederholte, wurde ich immer unruhiger. Als ich meine Finger ansteuerte, spürte ich etwas. *Ich bin zugedeckt. Also liege ich in einem Bett.* Ich versuchte, meinen Kopf zu bewegen, um die Stimmen endlich verstehen zu können.

Und plötzlich fiel es mir wieder ein. Ich war mit Helena und Paul im Büro gewesen. Und ich hatte zu viel getrunken. Bei dieser Erinnerung ergaben die Geräusche um mich herum Sinn. Etwas piepste beständig, Leute unterhielten sich neben mir.

Ich bin im Krankenhaus!

Wieder und wieder versuchte ich, meine Augen zu öffnen. Doch es gelang mir nicht. Eine bleierne Müdigkeit, die aus dem Nichts auftauchte, erdrückte all meine Versuche, wach zu werden. *Ich bin ohnmächtig geworden. Doch was geschieht jetzt?*

Ich fiel in eine Dunkelheit, deren Tiefe ich nicht erahnen konnte. Die Geräusche um mich herum wurden wieder leiser. Bis zur Undeutlichkeit verzerrt, bildeten sie einen einzigen, Furcht einflößenden Ton der Ungewissheit. Dann schlug ich auf dem Boden des Abgrunds auf ...

... und riss meine Augen auf. Zunächst konnte ich nichts erkennen, so gleißend hell war das Licht um mich herum. Für einen kurzen Moment dachte ich, ich sei tot. Doch langsam nahm die Helligkeit ab und ich erkannte unscharfe Schemen vor mir. Ich hörte wieder das eintönige Piepen um mich herum und spürte, dass ich mit meinem Kopf auf einem Kissen lag. Meine Sicht wurde jede Sekunde klarer.

Als ich das karge Krankenhauszimmer sah, wurde mir bewusst, was geschehen war. Ich wusste nicht, wie ich mich fühlte. Eine Mischung aus Traurigkeit, Ungläubigkeit über das Geschehen und eine gewisse Schwermut, beruhend auf der Tatsache, dass ich nicht vor den Allmächtigen getreten war, ließen ein Gefühl der Gleichgültigkeit in mir aufkeimen. Ich verspürte nichts, weder Wut noch Freude.

Ich drehte meinen Kopf und bemerkte, dass jemand neben meinem Bett saß. Ich blickte Paul in seine aufgeweckten Augen.

Er lächelte, nahm meine Hand und sagte sanft: „Ich bin froh, dass du wieder aufgewacht bist."

„Wieder aufgewacht?", stammelte ich.

Meine Stimme versagte bei den zwei Wörtern beinahe und mein Hals tat weh. Es war das Einzige, was ich spürte, mein restlicher Körper schien nicht zu existieren.

„Sie haben dich lange schlafen lassen. Du bist dem Tod gerade noch von der Schippe gesprungen."

Ich drehte meinen Kopf wieder in eine gerade Position, blickte an die Zimmerdecke und schloss meine Augen nachdenklich. *Wie lange war ich wohl weg?* Plötzlich spürte ich ein Kribbeln in meinen Zehen. Es breitete sich in meinem gesamten Körper aus. Ich spürte, wie die Schläfrigkeit von mir abfiel und plötzlich wurde mir bewusst, wie kraftvoll mein Herz schlug.

Ich riss meine Augen auf und fragte stockend: „Bist du nicht sauer?"

Die Antwort ließ eine Weile auf sich warten. Paul sah mich lange und intensiv an.

Schließlich sagte er langsam: „Darüber reden wir ein anderes Mal. Du musst erst wieder zu Kräften kommen."

„Was ist mit go green?", krächzte ich.

„Was soll damit sein? Ich habe die Geschäfte weitergeführt. In welche Richtung ich die Welle der Aufklärung gelenkt habe, erfährst du noch früh genug."

Ich wollte mich aufrichten, doch jetzt, da ich meinen Körper wieder spürte, kam er mir unendlich schwer vor. Müdigkeit legte sich wieder über meinen Verstand, von dem ich eben noch glaubte, er sei wach und scharf wie immer. Meine Augenlider fielen zu, ich verlor den Kampf gegen ihr Gewicht.

„War Helena hier?", flüsterte ich.

„Sie war da. Ruhe dich jetzt aus. Wenn du wieder aufwachst, musst du ein paar wichtige Entscheidungen treffen."

Ich hörte, wie Paul aufstand und sich langsam vom Bett entfernte. *Was meint er damit?* Die Frage, die sich tief in meinen Geist eingemeißelt hatte, konnte ich nicht beantworten. Ich driftete langsam in einen tiefen, traumlosen Schlaf.

Kapitel 26
Erinnerungen aus meiner Vergangenheit

„Warum hast du das getan?" Diese Frage ließ mich unwillkürlich lächeln.

„Was ist daran amüsant?", setzte die Fragestellerin hinterher.

Ich riss meinen Blick vom wolkenbehangenen Himmel los, den ich seit geraumer Zeit beobachtete. Meine Augen trafen auf die einer kleinen, blonden Frau, die mir gegenübersaß. Durch ihre rahmenlose Brille blickte sie mich neugierig an. Auf ihren Knien lag ein Klemmbrett, auf dem sie sich bei jeder Antwort die ich gab, Notizen machte. Ich nahm meine Flasche zur Hand und trank. *Wasser schmeckt einfach nicht so gut wie Bier.* Immer wieder wurde ich enttäuscht, wenn ich in einem Gespräch zur Flasche griff und nicht den ersehnten Geschmack auf der Zunge spürte.

„Max, willst du mir auf diese Frage nicht antworten?"

„Doch", sagte ich schließlich und nickte.

Ich verkniff mir ein weiteres Lächeln und zwang mir den gewünschten, ernsthaften Ausdruck auf mein Gesicht.

„Ich sehe es nicht ein, mich für jemand anderen zu ändern. Ich meine, hat jemand von euch bereits daran gedacht, dass ich mich dadurch schütze?"

„Du schützt dich, indem du jemand anderen anschreist? Und dass nur, weil er dir eine Frage gestellt hat?"

Ich überlegte einen Moment, ehe ich antwortete: „Darum geht es doch gar nicht."

„Um was dann?", fragte meine Therapeutin und sah mich eindringlich an.

„Es geht um die Art und Weise, wie er danach fragte. Die Anspruchshaltung, wie dieser Vollidiot danach gefragt hat, ging mir auf den Sack."

Sie notierte sich etwas und nickte.

„Okay, ich sehe, du willst nicht darüber reden."

Rafft die das nicht? Jetzt kommt die mir genauso um die Ecke! Wieder werde ich verurteilt, ohne dass man mir zuhört. Ich atmete laut aus und ballte meine Fäuste, was zu einer weiteren Notiz führte.

„Kann ich gehen?", fragte ich laut und stand auf.

„Natürlich. Aber eigentlich bist du doch zum Reden hier."

„Ich bin hier, weil mir jeder gesagt hat, wie wichtig es wäre, eine Therapie zu machen. Ich verstehe aber nicht, was das hier bringen soll. Können wir über echte Probleme reden oder diskutieren wir über einen Typen, der nicht damit klar kommt, dass ich eine Sonnenbrille trage?"

Meine Therapeutin schenkte mir einen solch verständnisvollen Blick, dass all mein Ärger schlagartig verpuffte.

„Das klingt gut. Über was willst du reden?"

Ich setzte mich wieder hin und griff nach der Flasche. Doch als ich das Plastik in meinen Händen fühlte, ließ ich sie achtlos fallen.

„Über was will ich reden?! Müssen Sie hier nicht die Fragen stellen?", sagte ich härter als beabsichtigt.

„Du machst es mir nicht gerade einfach", sagte die Frau. Doch es lag kein Vorwurf in ihrer Stimme. Sie legte das Klemmbrett beiseite und schlug ihre Beine übereinander.

„Erzähle mir etwas von Paul. Du meintest, er hätte dein Leben verändert. Wie hat er das getan?"

„Wie er das getan hat? Was ist das für eine Frage?"

„Beantworte sie doch einfach. Was hat er an deinem Leben verändert. Und wie hat er es getan?"

Erst nach einer Weile - das Schweigen wurde mir bereits unangenehm - konnte ich diese Frage beantworten. Sie war tatsächlich komplexer, als ich zunächst gedacht hatte. Niemals zuvor hatte ich darüber nachgedacht.

Langsam sagte ich: „Er hat meinem Leben einen Sinn verliehen."

„Das sind mächtige Worte. Die meisten Menschen sagen diesen Satz in Bezug auf ihre Partner, Kinder oder Eltern. Doch selten wird diese Tat einem Freund oder wie du sagst Bekannten, zugeordnet."

„Und doch ist es so", sagte ich bekräftigend.

Doch noch während ich es sagte, kamen leise Zweifel in mir auf. *Ist es wirklich so?* Ich blickte wieder aus dem Fenster. *Natürlich ist das so!* Ich zerstreute die Zweifel, ehe sie sich manifestieren konnten. *Zweifel kommen mir nur, weil ich in diesem Drecksloch festhänge. Ich muss hier raus. So schnell es geht!*

Ich richtete meine Augen wieder auf meine Therapeutin.

„Wie macht er das? Was bringt dich dazu, in ihm den Bringer des Sinns zu sehen?"

Ich musste lachen.

„Und das soll ich Ihnen in einer Sitzung erzählen? Die Zeit reicht dafür nicht aus."

„Du kannst einfach anfangen. Morgen kommst du ja wieder."

Ich stand auf und schüttelte den Kopf. Langsam ging ich zum Fenster.

„Ich glaube nicht, dass ich wiederkommen werde."

„Willst du nicht noch eine Weile bleiben? Du schleppst so viele Lasten mit dir herum. Das kann ich erkennen. Lass mich dir helfen."

Ich drehte mich zu ihr herum und zeigte hinter mir aus dem Fenster.

„Da draußen werde ich gebraucht. Verstehen Sie nicht? Ich bin derjenige der Hilfe gewährt, nicht derjenige der sie empfängt."

„Ich habe das Gefühl, dass es anders ist."

„Wie meinen Sie das?"

„Setz dich wieder hin. Dann erzähle ich dir, was ich denke."

Widerwillig kam ich der Aufforderung nach. Schnaubend ließ ich mich in den Stuhl fallen.

Unbeeindruckt begann meine Therapeutin zu erklären: „Ich denke, dass du dir selbst Hilfe gesucht hast. Du hast ihn gesucht und gefunden. Und jetzt kannst du dich nicht mehr von ihm trennen, da du Angst davor hast, ohne ihn bedeutungslos zu sein. Doch ich sage dir, dass diese Art der Beziehung, diese Abhängigkeit von ihm, nicht gut für dich ist."

„Er braucht mich aber. Ich werde gebraucht.", fuhr ich sie an.

„Wirst du das wirklich?", fragte sie.

Dieser Satz traf mich wie ein glühendes Stück Eisen, dass mir mitten in die Brust gestoßen wurde. Ich wollte aufspringen, herumbrüllen, doch meine Stimme und Muskeln versagten.

„Ich habe das Gefühl, dass du dich entscheiden musst. Aber ich sage dir: Wenn du zurückgehst, fällst du wieder in alte Muster. Und dann wäre es pures Glück, wenn wir uns nochmal sehen werden."

Tränen traten in meine Augen. Die Wut darüber, dass ich mich vor ihr verwundbar gezeigt hatte, übernahm das Ruder. Ich sprang auf und stürmte aus dem Zimmer. Sie rief mir nicht hinterher. Nach Monaten der Therapie war sie es gewohnt. *Was soll die Scheiße? Die Alte soll mir Helfen und nicht auf mir herumtreten.*

Ich stürmte den langen Flur entlang, schlängelte mich vorbei an zwei Pflegern, die sich auf dem Gang unterhielten und lief geradewegs auf mein Zimmer zu.

„Ihr sollt Arbeiten und nicht dumm herumstehen!", brüllte ich sie an, bevor ich donnernd die Tür hinter mir schloss.

Ich warf mich aufs Bett und weinte. Ich dachte über nichts nach, mein Kopf war leer. Alles, was ich wollte, war es, zu weinen. Irgendwann, als auch der letzte Tränenvorrat versiegt war, rollte ich mich auf den Rücken.

„Ich brauche was zu trinken! Ich muss hier raus", flüsterte ich.

Ich muss wieder arbeiten. Aus dem Schrank neben dem Bett nahm ich mein Smartphone heraus. Geräte dieser Art waren nur auf den Zimmern erlaubt. Eifrig checkte ich die Nachrichten und Neuigkeiten von go green. *Es wird eine Bewegung! Wir werden immer größer.* Mein Herz klopfte schnell vor Erregung. *Bald sind wir am Ziel angelangt.*

Es klopfte. Mit einem schnellen Blick auf die Uhrzeit vergewisserte ich mich, dass mich mein Gefühl nicht trügt. *Das muss Besuch sein. Essen gibts noch nicht.*

„Herein.", rief ich und wischte mir schnell über die Augen.

Ich sehe bestimmt aus wie ein Vollidiot. Die Tür schwang auf und jemand, den ich nicht erwartet hatte, betrat den Raum.

„Nadja", sagte ich. „Was machst du denn hier?"

Kapitel 27

Erinnerungen aus meiner Vergangenheit

„Ich wollte dich überraschen", sagte Nadja und umarmte mich.

Begleitet wurde sie von einer Parfümwolke. Es war ein süßlicher, schwerer Duft - etwas zu aufdringlich für meinen Geschmack.

„Setz dich", sagte ich und deutete auf den Stuhl. „Du hast Glück, eigentlich wäre ich noch in einer Sitzung."

„Was ist passiert?", fragte sie.

„Du bist sehr neugierig. Nichts ist passiert, nur das Übliche. Die Menschen hier gehen mir unfassbar hart auf die Nerven."

„Das kann ich mir gut vorstellen", sagte sie und blickte sich naserümpfend im Zimmer um. „Wie lange wirst du noch bleiben?"

„Nicht mehr lange, denke ich. Aber sag mir, was willst du hier?"

Lange sah sie mich an.

„Hat man dir denn gar nichts gesagt?", fragte sie schließlich.

In ihren Augen lag Mitleid. *Was gesagt? Von was spricht sie?* Durch diese Frage wurde mein Inneres aufgewühlt, doch äußerlich zeigte ich nichts davon.

„Wir reden nicht viel über das Business. Ich soll mich erholen. Das ist das Einzige, dass ich von jedem der hier ist, zu hören bekomme."

„Das tut mir leid.", sie stand auf und lief zu mir herüber.

Ich hatte mich auf die Bettkante gesetzt. Als sie Anstalten machte, sich neben mich zu setzen, fragte ich mahnend: „Was soll das hier werden?"

Nadja verharrte inmitten der Bewegung und blickte mich erschrocken an.

„Dann eben nicht.", zischte sie und fuhr sich mit einer schnellen Bewegung durch die Haare. Demonstrativ langsam lief sie zurück zum Stuhl und setzte sich.

„Was wolltest du mir sagen?"

„Das interessiert dich. Aber normal umgehen kannst du nicht mit mir? Ich wollte dich nur trösten!", erwiderte sie.

„Ich will nicht getröstet werden." *Zumindest nicht von dir.*

Nun saßen wir stillschweigend da, ich auf den Boden starrend, sie aus dem Fenster hinaus blickend.

„Ich hätte mich gerne außerhalb von diesem Ort mit dir getroffen. Irgendwo in der Stadt, in einem schicken Restaurant. Da hätten wir reden können, verhandeln können. Pläne schmieden, während wir uns betrinken."

Sie antwortete mir, mit trauriger Stimme und ohne mitschwingenden Vorwurf, den ich sicherlich verdient hätte: „Das wäre schön gewesen. Aber ich denke nicht, dass es gut für dich wäre, wieder zu trinken. Oder wieder zurück zum Business, wie du es nennst, zu kommen."

Etwas an der Art und Weise, wie sie diese Dinge sagte, ließ meine Alarmglocken ertönen. Mein Herz schlug schneller, ich richtete mich auf und streckte den Rücken durch. Ich stand unter Strom. Und ich liebte dieses Gefühl.

„Sag mir endlich, was du mir die ganze Zeit schon sagen willst."

Zu meiner Verwunderung fing sie an zu weinen.

„Ich habe so eine Scheiße auch schon durch." Sie schluchzte und musste meinen fragenden Blick bemerkt haben. Mit bebender Stimme erzählte sie weiter: „Das alles hier. Ich war als Teenager schon mal in so einer Einrichtung. Ich weiß, wie man sich fühlt, wenn man hier landet."

„Du hast einen Entzug gemacht?", fragte ich verblüfft.

„Das nicht. Aber meine Eltern waren der felsenfesten Überzeugung, dass ich nicht ganz rund laufe. Und da durfte ich auch jeden Tag zur Therapie und zu Gruppensitzungen. Das volle Programm eben. Immer wenn ich so etwas in der Art sehe, muss ich daran denken. Ich erinnere mich dann daran, wie einsam man in so einem Laden ist."

Ich wusste nicht, was ich sagen sollte. Schließlich entschloss ich mich dazu, zur Seite zu rutschen und ihr anzudeuten, sich neben mich zu setzen. Nadja zögerte einen kurzen Moment, ehe sie zu mir kam und sich setzte. Unbeholfen legte ich einen Arm um sie. *Ich hasse so etwas.* Sobald ich nicht wusste, wie ich jemandem helfen sollte, oder derjenige offensichtlich körperliche Nähe brauchte, fühlte ich mich machtlos. *Was soll ich sagen?*

Ich drückte sie vorsichtig etwas fester an mich. Daraufhin begann sie stärker zu weinen. Schluchzend vergrub sie ihren Kopf zwischen meinem Arm und meiner

Brust. Auch wenn ich sie nicht besonders gut leiden konnte, spätestens nachdem sie mich auf der schicksalhaften Party abblitzen hatte lassen, tat sie mir leid.

Ich wusste nicht, wie lange wir so dasaßen, doch irgendwann löste sie sich, drückte mir einen Kuss auf die Wange und hauchte: „Danke, Max."

Sie verschwand im Bad und kam nach einer gefühlten weiteren Ewigkeit wieder heraus.

Gefasst setzte sie sich wieder auf den Stuhl und sprach mit fester Stimme: „Ich hoffe, dir ist bewusst, dass Helena und Paul dich hintergangen haben."

„So etwas habe ich mir bei deinem Auftauchen hier bereits gedacht", sagte ich. „Aber ich sage dir gleich, dass ich nicht gegen sie vorgehen werde. Erstrecht nicht, wenn ich nicht voll und ganz im Bilde bin."

Nadja schüttelte traurig lachend den Kopf.

„Das will ich auch nicht. Ich bin wegen etwas anderem hier." Sie machte eine Pause. „Max, nutze diese Gelegenheit und steige aus."

„Wie kommst du darauf? Jetzt wo du nicht mitmachen darfst, soll ich auch aufhören?"

„Bemerkst du nicht, wie dich beide nur benutzen? Sie brauchen dich nur für die Arbeit, für die sie sich selbst zu fein sind."

„Was weißt du denn schon davon? Und warum interessiert es dich überhaupt? Warum gehe ich dich etwas an?"

Ich war wutentbrannt aufgesprungen.

Nadja stand auf und blickte mich traurig an. Schließlich sagte sie leise: „Ich bin heute zu dir gekomen, weil ich das Gefühl habe ... ich habe das Gefühl, dass du niemand anderen hast. Niemand der auf dich aufpasst oder dem du wirklich am Herzen liegst."

Das waren ihre letzten Worte an mich. Nadja verließ das Zimmer und ließ mich sprachlos zurück. Meine Gedanken schwirrten umher - keinen einzigen konnte ich ergreifen. Ich ging zum Fenster und blickte über den kleinen Park, der zur Einrichtung gehörte.

„Das ist es", flüsterte ich. Ich drehte mich um und begann damit, meine Sachen zu packen.

„Das hat Paul gemeint. Das ist die Entscheidung, die ich Treffen muss."

Als ich mich vergewissert hatte, nichts im Zimmer zurückzulassen, öffnete ich die Tür. *Wo soll ich hingehen? Welche Wahl ist die Richtige?* Obwohl ich mir diese Fragen stellte, wusste ich die Antwort darauf bereits. Ich atmete tief durch und lief los. *Es gibt nur einen Weg. Nur ein Weg führt mich ans Ziel.*

Kapitel 28

Erinnerungen aus meiner Vergangenheit

„Das ist unglaublich", flüsterte ich und drehte mich um meine eigene Achse. Ich konnte kaum glauben, was ich sah.

„Das ist mein neues Büro?", fragte ich staunend und drehte mich zu Paul und Helena. Sie waren hinter mir gelaufen und blickten mich lächelnd an.

Vor zwei Tagen hatte ich mich selbst aus der Klinik entlassen und war heute Morgen von den beiden aus meiner Wohnung abgeholt worden. Wir waren geradewegs in die Innenstadt gefahren und die zwei erklärten mir, dass es nun einen neuen Firmensitz gäbe. Doch mit so etwas hatte ich niemals gerechnet. Das Büro war von der Fläche her größer als mein Wohnzimmer. Die Möbel waren in dunklem Holz, der Schreibtisch im Jugendstil gehalten. Ganz nach meinem Geschmack. *Manchmal haben sie mir wohl doch zugehört.*

„Wie ist das möglich?", fragte ich Paul.

„Das wirst du sehen. Ich will, dass du deine Arbeit so schnell wie möglich wieder aufnimmst. Du bist unverzichtbar für uns."

Seine Worte hatten für mich einen faden Beigeschmack, da Helena durch ihre Teilnahmslosigkeit glänzte. Sie hatte kein einziges Wort mit mir geredet. Beweis genug für mich, dass Pauls Worte gelogen waren. Sie hatte mich niemals im Krankenhaus besucht. Ich war unfähig, sie lange anzusehen, mein Herz blutete und Traurigkeit suchte mich heim, wenn ich ihr wunderschönes Gesicht sah.

Ich richtete meine Augen wieder auf Paul und antwortete ihm: „Keine Sorge, ich werde sogleich anfangen." Ich drehte mich um und lief auf den Schreibtisch zu.

„Eigentlich hatten wir vor, deine Rückkehr zu feiern."

Seine Worte bereiteten mir Kopfzerbrechen. *Feiern? Was meint er damit? Er hat so etwas noch niemals zuvor gesagt.* Unsicher drehte ich mich um.

Meine Verwirrung musste mir ins Gesicht geschrieben stehen, denn er kam auf mich zu und sagte einfühlsam: „Natürlich nur wenn du willst. Doch heute wäre ein Tag, an dem ich mit dir das Glas erheben würde."

Unwillkürlich begann ich zu schwitzen. Den Kampf gegen meinen starken Drang Alkohol zu trinken, hatte ich in den vergangenen Tagen gut im Griff gehabt. *Warum sagt er das jetzt?*

Ich lief an ihm vorbei, warf Helena einen flüchtigen Blick zu und setze mich auf die Couch, die gegenüber des Schreibtisches stand. Sie hatte ein kaum erkennbares Lächeln auf den Lippen. Es verunsicherte mich. *Etwas zu feiern gibt es. Meine Rückkehr.* Ich atmete tief durch und wägte das Für und Wider ab. Doch allmählich wurde mir bewusst, dass ich meine Entscheidung bereits in dem Moment der gestellten Frage gefällt hatte. Und diese Erkenntnis machte mich sauer. Ich war wütend auf mich selbst und doch unfähig dazu, die getroffene Entscheidung zu revidieren.

Ich klatschte in die Hände, sprang auf und sagte lachend: „Auf gehts. Stoßen wir an! Auf go green!"

Paul kam zu mir, legte eine Hand auf meine Schulter und sagte mit fester Stimme: „Nein. Auf dich, Max. Ohne dich wäre das alles hier", er sah sich demonstrativ im Raum um, „nicht möglich gewesen."

Helena verließ das Büro, um die benötigten Getränke zu holen. Währenddessen unterhielt ich mich mit Paul und brachte mich auf den neusten Stand. Wie ich bereits wusste, hatten sie den Vorschlag von Nadja abgelehnt. Stattdessen hatten sie Pauls Plan verfolgt und mehrere Unternehmen gezielt angeschwärzt. Das Gesagte blieb die Wahrheit, doch Paul klammerte ein gewisses Unternehmen bei seinen Aktionen aus. Von eben jenem erhielt die Firma großzügige Zahlungen.

Des Weiteren lief es im Social-Media-Bereich hervorragend. Go green war eine Bewegung geworden, die internationale Ausmaße erreicht hatte. Werbedeals mit veganen Unternehmen und Produktlinien spülten ebenfalls Geld in die Kassen. Sogar mein Vater war bereit dazu gewesen, sich öffentlich als Gönner der Bewegung zu inszenieren - im Austausch für meine Arbeit. Diese Tatsache hätte die aufkeimende Hochstimmung in mir dämpfen können, doch ich genoss es zu sehr, diesen kurzen Moment im Mittelpunkt zu stehen.

Helena kam zurück. Sie schob einen Servierwagen in das Büro hinein. Darauf befanden sich alkoholische Getränke jeglicher Art.

„Genug vom Geschäftlichen", sagte Paul.

Er stand auf und schenkte drei Gläser mit Sekt ein. Er gab zuerst Helena, dann mir eines davon und nahm seines als Letztes zur Hand.

„Ich habe es bereits gesagt: Auf dich, Max! Ohne dich wäre all das hier nicht existent." Er hob sein Glas in die Luft und ich tat es ihm gleich.

„Auf dich", sagte Helena emotionslos und wir stießen an.

Ich spürte das kühle Glas an meinen Lippen und roch den Sekt. *Wenn ich jetzt trinke, weiß ich nicht, was geschehen wird.* Einen kurzen Moment zögerte ich. Doch dann trank ich. Ich schmeckte den Alkohol, spürte, wie er in meinem Magen ankam. Und eine heiß ersehnte Befriedigung breitete sich in mir aus. Ich trank Schluck um Schluck, bis das Glas geleert war.

„Da hat aber jemand Durst", sagte Helena und grinste mich an.

Ich schaute schnell zu Paul herüber, der mich mit ernster Miene ansah. Langsam stellte ich das Glas auf den Wagen zurück.

„Was ist?", zischte ich.

„Das weißt du selbst am besten", sagte Paul.

Seine Worte ließen mich zornig werden. Trotzig schenkte ich mir nach.

„Wenn ihr ein Problem habt, solltet ihr es mir sagen.", fuhr ich sie an, während ich mich zu ihnen drehte.

„Ich habe kein Problem, solange du deinen Job machst."

Pauls Augen waren kühl, als er sein Glas abstellte, Helena bei der Hand nahm und Richtung Tür lief.

„So läuft das jetzt also?", schrie ich und konnte mich gerade davon abhalten, auf die beiden loszugehen.

„Mach deine Arbeit", sagte Paul. Er drehte sich zu mir um, Helena hielt die Tür auf.

„Ich brauche dich noch. Also mach deine Arbeit. Alles andere ist mir egal."

Mit diesen Worten verließ er mein Büro und ich sollte ihn lange Zeit nicht wiedersehen. Für mich brach eine Welt zusammen. Ich ballte meine Faust und das Glas zersprang. Blut floss aus vielen kleinen Wunden über meine Hand und tropfte auf den Teppich.

„Dafür?", schluchzte ich. Tränen liefen mir über die Wange. „Dafür habe ich alles aufgegeben?"; schrie ich.

Ich sprang in einem Satz zur Couch und schlug auf sie ein. Ich hatte mich noch niemals so alleine gefühlt. Nachdem ich die Spitze meiner Wut an den Kissen abgebaut hatte, sank ich kraftlos auf dem Boden zusammen. Ich weinte ungehemmt. Doch mein Inneres war leer. Hätte man mich in diesem Moment gefragt, um was ich trauerte, hätte ich keine Antwort geben können.

Irgendwann versiegten die Tränen. Ich wischte mir über die Augen. *Ich habe meine Wahl getroffen.* Wieder und wieder wiederholte ich diesen Satz in meinem Kopf. Dann stand ich auf.

„Ich habe Arbeit", flüsterte ich. Im Vorbeigehen nahm ich die angebrochene Sektflasche vom Servierwagen und setzte mich hinter den Schreibtisch.

„Dann wollen wir mal sehen, was ich für go green tun kann!"

Kapitel 29

Angespannt sitze ich auf der Couch. *Zigaretten sind einfach zu kurz.* Ich drücke den glimmenden Stummel aus, bevor sich die Glut weiter durch den Filter fressen kann. *Ich habe keine Ahnung, wie ich das jetzt anstellen soll.* Ich reibe mir mit zwei Fingern über die Schläfen. *Wie soll ich ihn zügeln? Wir haben uns lange nicht mehr persönlich gegenübergestanden.* Meine Gedanken wurden durch ein Klopfen an der Tür zerstreut.

„Herein", rufe ich und stehe auf.

Er ist tatsächlich gekommen. Paul betritt den Raum. Bei seinem Anblick erschrecke ich. *Er sieht aus, als wäre er dreißig Jahre gealtert!* Er schenkt mir ein schwaches Lächeln.

„Was gibt es, Max?", fragt er und läuft auf mich zu.

„Dafür setzen wir uns lieber hin", sage ich und deute auf den freien Platz neben mich.

Während er sich langsam neben mich setzt, zünde ich mir eine Zigarette an.

„Du weißt, dass ich das nicht mag", sagte er.

Ich winke ab und setze mich ebenfalls.

„Es gibt Wichtigeres zu besprechen", sage ich knapp.

Wo fange ich nur an? Ich hatte Helena gebeten, das Büro zu verlassen. Ich musste ihn alleine sprechen, nur so hatte ich eine Chance an ihn heranzukommen. Paul sieht mich kopfschüttelnd an, sagt aber nichts mehr. Ich erwidere seinen Blick und räuspere mich. Mir ist bei der gesamten Situation unwohl, ich habe Schwierigkeiten meine eigenen Gefühle zu ordnen und unter Kontrolle zu halten.

„Was willst du besprechen? Beeile dich, ich habe nämlich wirklich Wichtiges zu tun."

Wie gerne würde ich jetzt noch mehr trinken oder mir eine weitere Line Kokain zu Gemüte führen. Ich drücke die Zigarette aus, obwohl sie erst zur Hälfte geraucht ist, und lasse mich in die Lehne der Couch fallen.

Ich bemühe mich um einen eindringlichen Ton, als ich langsam mit dem Sprechen beginne: „Paul, ich habe das Gefühl, dass es dir in letzter Zeit nicht gut geht. Was ist los?"

Er blitzte mich mit seinen funkelnden Augen an. „Was soll los sein? Hast du nicht deine eigenen Probleme? Was willst du von mir?"

Es fällt mir schwer, seine aufbrausenden Worte zu ignorieren. Für einen Augenblick will ich meinem Bedürfnis folgen und aufspringen - stoppe jedoch nach einem kurzen Zucken. *Bleib ruhig. Ich hätte wahrscheinlich genauso reagiert.*

Leise sage ich: „Und das ist der Grund, warum ich sehe, dass es dir schlecht geht. Ich war selbst einmal am Ende. Und deswegen weiß ich, dass es weitergeht."

Paul öffnet seinen Mund, sagt aber nichts. Zu meinem Erstaunen senkt er seinen Blick und schweigt.

Ich nutze meine Initiative und spreche weiter: „Du kannst mit mir reden. Was bedrückt dich? Ich sehe dich an und sehe nicht mehr den Paul von damals. Du hast dich verändert. Etwas nagt an dir." Ich mache eine Pause und zünde mir wieder eine Zigarette an.

Als er nach ein paar Zügen noch immer nicht antwortet, spreche ich weiter: "Sind es Zweifel? Du weißt doch, dass wir gemeinsam alles schaffen! Ich bin ein Problemlöser, genau wie du oder Helena!"

Meine Worte bringen ihn zum Lachen. Er hebt seinen Kopf und blickt mich ebenso verächtlich an, wie es seine Worte sind: "Problemlöser? Machst du Witze?"

Er steht auf und läuft langsam zwischen Tür und Couch umher, während er weiterspricht: "Du hast dich beinahe ins Grab gebracht, weil du den Aufgaben nicht gewachsen warst. Und aktuell denke ich, dass es bei dir wieder nicht lange geht, bis du wieder in einem Krankenhaus aufwachst. Helena ist von einer Erleichterung zur Last geworden. Sie empfindet nichts als Liebe und Vergötterung für mich. Und ich selbst ..."

Paul hielt inne und blieb kopfschüttelnd stehen. Bevor das Schweigen zu überwältigend für mich wird, frage ich: "Was meinst du damit? Ist es nicht das, was ein jeder will? Liebe und Anerkennung?"

Paul dreht sich langsam zu mir. Seine Augen sind mit Tränen gefüllt, er sieht aus wie ein gebrochener Mann.

Mit bebender Stimme sagt er: "Ein Mensch braucht wahre Liebe. Und wahre Liebe bedeutet Zuneigung, Geborgenheit und die Fähigkeit, Fehler zu erkennen. Fehler, die elementar sind. Man darf sich nicht von der glänzenden Persönlichkeit, die man vielleicht für den Rest seiner Umwelt ist, blenden lassen. Ich will gesehen werden, wie ich bin. Nicht wie ich mich zeige."

Das sind merkwürdige Worte. Ich muss darüber nachdenken.

Ich zeige vor mich und frage: „Willst du dich nicht setzen? Lass uns darüber reden."

Doch Paul macht keine Anstalten, meiner Bitte nachzukommen.

Immer schneller und lauter werdend fährt er fort: „Und das alles ist meine Schuld! Ich habe dich ins Krankenhaus gebracht. Ich habe Helenas Besessenheit von mir für meine Zwecke genutzt. Ich habe diese Firma aufgebaut und ... in ihren Untergang geführt."

Während seiner letzten Worte rollen ihm Tränen über die Wangen. *In ihren Untergang?* Ich lehne mich vor und Asche ab.

„Ich verstehe nicht. Willst du mir nicht alles genauer erzählen und erklären?"

„Ich bin es leid, Dinge zu erklären! Liegt es nicht auf der Hand? Ich dachte, du wüsstest, um was es geht, als du eben gesagt hast, dass etwas an mir nagt!"

Er sieht mich mit einer Mischung aus Vorwurf und Flehen an. Ich schließe meine Augen und beruhige meine umherschwirrenden Gedanken. *Jetzt verstehe ich!* Mit einem Mal war mir sein Leid offenbar. Der Schleier der Erhabenheit, der sich stets um Paul befindet, ist für meine Augen durchscheinend geworden.

„Du bereust den von dir erzwungenen Weg", flüstere ich und stehe auf. „Und ich war nicht da, um dich davon abzuhalten. Du wolltest von Helena, dass sie dich abhält!"

Ich erhalte keine Antwort, doch ein schwaches Nicken bestätigt mich.

„Du weißt aber, dass du dir das nur im Nachhinein so zurechtgelegt hast? Du alleine wolltest diesen Weg begehen. Und während du diesen Schritt gegangen bist, warst du froh darüber, dass ich nicht da war."

Ich ging auf ihn zu. Je näher ich kam, desto abweisender wird seine Körperhaltung. Er richtet sich auf und ballt seine Fäuste. Paul sieht mich mit kühlen Augen an. Unbeirrt von seiner Reaktion gehe ich weiter auf ihn zu, bis mich nur noch ein Schritt von ihm trennt.

„Du bereust, dass du unsere Sache verraten hast. Du willst den Schritt, die Aktionen von go green durch Unternehmen bezahlen zu lassen, rückgängig machen!" Mein Herz pocht stark in meiner Brust und ich lege meine zitternde Hand auf seine Schulter. „Du hast dich selbst verraten und suchst jetzt einen Schuldigen!"

Ruckartig greift er nach meiner Hand und löst sie von seiner Schulter. Er macht einen Schritt zurück.

„Ihr beide seid auch Schuld. Hättest du dich nicht ins Krankenhaus gekokst und gesoffen, würde die Welt jetzt anders aussehen!", schreit er.

„Würde sie das?", sage ich mit scharfer Stimme. Ich bin wütend; der Drang danach, ihn anzuspringen und zu schlagen, wird immer größer.

„Dein Plan war auch nicht besser. Mit deiner billigen Bitch, die du nur aus Eifersucht mit ins Team holen wolltest!"

„Das wäre noch besser gewesen, als das, was du getan hast!"

Paul steht still da und sieht mich an. Die Kälte aus seinen Augen verschwindet, mehr Tränen quellen daraus hervor und plötzlich sieht er aus wie ein kleiner Junge, der von seinen Eltern vergessen auf einem Platz voller lauter Männern steht.

Flüsternd und mit gesenktem Kopf sagt er: „Ich habe das alles nicht gewollt." Paul dreht sich um und geht zur Tür.

„Du kannst jetzt nicht einfach gehen. Bleib hier und wir suchen eine Lösung für alles!", rufe ich ihm hinterher.

Er verlässt den Raum und flüstert: „Ich werde mich darum kümmern. Ich habe einen Plan."

Zuerst will ich ihm hinterherlaufen, doch ich weiß, dass es nichts nützen würde. Stattdessen setze ich mich auf die Couch und rauche. *Was hat er jetzt vor? Wie soll man go green wieder aus dieser Zwickmühle bekommen?* Gerade als ich aufstehen will, um mir etwas zum Trinken zu holen, betritt Helena den Raum.

„Was hast du getan?", schreit sie und kommt wutentbrannt auf mich zu. „Ich habe ihn noch nie so gesehen! Was hast du ihm gesagt?"

„Beruhige dich!", fahre ich sie an. „Er ist ausgeflippt. Ich wollte normal mit ihm reden."

„Normal mit ihm reden? Hast du wieder zu viel genommen? Was stimmt mit dir nicht?"

Ich laufe an ihr vorbei und schenke mir Whiskey ein. Das Brennen in meinem Hals beruhigt mich zumindest etwas. Ich drehe mich zu Helena und biete ihr eine Zigarette an.

„Ich werde dir alles erzählen. Sobald du aufhörst, mich für etwas verantwortlich zu machen, für das ich nichts kann."

Ich bin beruhigt, als ich sehe, dass meine Worte ihr hitziges Gemüt besänftigen. Wir setzen uns an den Tisch und ich erzählte ihr alles, was vorgefallen war. Während ich erzähle, weint sie. Ihr Anblick zerreißt mir das Herz, doch ich zwinge mich dazu, ihr nicht zu erliegen. *Ich muss jetzt stark sein. Jetzt darf ich keinen Fehler mehr machen.* Ich schließe meine Augen und denke nach.

Plötzlich vibrierten unsere beiden Handys gleichzeitig. *Was ist denn jetzt?* Ich greife, ebenso wie Helena, nach meinem Smartphone. Wir werfen einen Blick auf die Displays und sehen uns danach an.

„Was hat er vor?", keuche ich.

Kapitel 30

Ich halte mein Smartphone in einer Hand, in der anderen eine Zigarette. Gemeinsam blicken wir gebannt auf das Gerät und hören den aufgeregt gesprochenen Worten von Paul zu. Mein Herz pochte, ich wippte nervös mit einem Bein auf und ab.

Vor wenigen Minuten war er auf unserem firmeneigenen Social-Media-Kanal Live gegangen. Er spricht von der Gründung, erzählt die Geschichte von uns dreien. Jeder Versuch von Helena, ihn zu erreichen war fehlgeschlagen und ich konnte sie davon abhalten, nach oben in sein Büro zu stürmen. So wie ich das sehe, würde es das alles noch schlimmer machen. Ich lehne mein Handy an eine Flasche, die auf dem Tisch steht und greife nach meinem Glas.

„Das darf nicht wahr sein", sage ich.

„Was hat er nur vor?", erwidert Helena. Wir lauschen gebannt seinen Worten, die zwar flüssig, aber mit ungewohnt zitternder Stimme gesprochen waren:

„Ich habe die Firma an einen Punkt gebracht, den wir niemals zu erreichen wagten. Und dann habe ich eine Entscheidung getroffen, die ich auf ewig bereuen werde."

Bei diesen Worten macht mein Herz einen Satz und ich beginne zu schwitzen. Helena sieht mich panisch an.

„Max, was tut er da?", sagt sie aufgeregt. „Ich muss zu ihm. Er darf nicht weitersprechen."

„Bleib hier. Du erreichst ihn jetzt nicht mehr rechtzeitig! Wir müssen uns anschauen, was er jetzt erzählt."

Ich hätte ihn dabehalten müssen! Paul hätte dieses Büro niemals verlassen dürfen! Ich konzentriere mich auf meine Atmung und versuche, mein Bein ruhig zu halten.

„Ich entschied mich für einen folgenschweren Schritt. Ich weiß, dass Sie mich alle dafür verurteilen werden. Doch ich verspreche Ihnen, dass ich für meine Taten geradestehen werde."

„Das tut er jetzt nicht wirklich", flüstert Helena. „Max, wir müssen irgendetwas unternehmen! Er hat Tausende Zuschauer! Das wird das Ende von go green!"

„Und was sollen wir machen? Wir können ihn nicht mehr aufhalten!"

„Ich habe diese Bewegung auf einer Lüge aufgebaut. Wir standen an einem Punkt, an dem wir nur noch mit entsprechenden finanziellen Mitteln wachsen konnten. Es reichte uns nicht mehr, Verzeihung, es reichte mir nicht mehr, nur lokal zu agieren. Auch wollte ich mich nicht auf die nationale Ebene begrenzen lassen. „Der Himmel ist die Grenze", das war mein Motto. International sollte unsere Bewegung werden. Und das wurde sie. Doch zu welchem Preis? Ich frage Sie, was glauben Sie, welchen Preis ich gezahlt habe?"

Helena springt auf, stürmt zur Kommode und greift nach der nächstbesten Flasche, die sie findet. Ungeniert trinkt sie einen Schluck daraus und legt sich eine Line neben dem Smartphone.

„Ich habe mich dazu entschieden, einen Deal mit einer Firma zu schließen. Zumindest war es zunächst nur eine

Firma. Mittlerweile kooperieren wir mit vielen. Und was das bedeutet, können Sie sich bereits denken."

Helena schnupft eine fingerdicke Line und bietet mir auch etwas an. Abwägend blicke ich zwischen dem Kokain und dem Smartphone hin und her.

„Ich habe den Namen der Bewegung für Geld verkauft. Alle Aktionen waren durch eben jene Unternehmen finanziert. Ich kassierte einen Bonus dafür, dass go green konkurrierende Unternehmen anschwärzt und bloßstellt."

Ich rücke auf der Couch zur Seite und lehne mich über den Tisch. *Er hat alles zerstört. Er vernichtet die Bewegung. Er vernichtet sich selbst - und uns obendrein!*

Ich versuche meine Verzweiflung mit Kokain zu bessern. Das Taubheitsgefühl beruhigt mich tatsächlich etwas.

„Go green war eine edle und mutige Sache. Doch ich habe es verdorben. Ich habe eine Bewegung, die endlich gegen Umweltverschmutzung und Unrecht gegenüber anderen Lebensformen vorgeht, für bares Geld zunichtegemacht. Ich alleine bin dafür verantwortlich und werde der Gerechtigkeit Genüge tun."

Gefesselt von den Bildern starrten Helena und ich bewegungslos auf das Smartphone. Paul weint, die Kamera war so ausgerichtet, dass man nur seinen Kopf und Hals sehen kann. Er bewegt sich, als würde er nach etwas greifen.

„An alle Menschen da draußen, die uns der Sache wegen gefolgt sind: Macht weiter! Der Kampf muss geführt werden. Diese Welt braucht euch. Diese Welt ist

ohne euch verloren. Gerechtigkeit fordert ihr in den Kommentaren. Und Gerechtigkeit sollt ihr bekommen!"

Plötzlich zuckt seine Hand nach oben und ein Messer blitzt auf.

„Nein!", schreit Helena und springt auf.

Sie rennt aus dem Büro.

„Von dieser Welt will ich gehen, wie es Millionen unschuldiger Tiere unterjocht von uns Menschen auch müssen. Ich opfere mich, für diese ehrwürdige Sache! Helena und Max, vergebt mir!"

Als er ausgesprochen hatte, setzt er das Messer an seinen Hals. Ich sitze da, unfähig mich zu bewegen.

„Eine bessere Welt wird mir folgen."

Mit diesen Worten und ohne zu zögern, zieht er das Messer durch sein Fleisch. Ich kann nichts machen, schaue nur ungläubig auf das Bild des Grauens, dass sich mir zeigt. Paul röchelt und geht in die Knie - so verschwindet er aus dem Bild.

Wie lange ich dasitze, weiß ich nicht. Doch schlagartig meldet sich mein Verstand zurück. Ich springe auf und renne Helena hinterher.

Kapitel 31

"Die Beerdigung war unspektakulär. Es kam mir falsch vor, dass diesen großartigen jungen Mann nur so wenige Menschen verabschiedeten. Ich beobachtete die Zeremonie etwas abseits. Helena wollte mich nicht sehen, doch ich konnte ihn nicht unter die Erde legen lassen, ohne mich zu verabschieden. Ich glaube, er hätte gewollt, dass ich dabei bin.

Wie ich auch erst im Zuge der Beerdigungsvorbereitungen erfahren haben, stammte er aus einem christlichen Haus. Seine Eltern mussten ihn sehr streng im Glauben erzogen haben. Doch das einzige und wichtige, was er daraus mitnahm, war die Liebe zur Schöpfung höchstselbst. Vielleicht entsprang seine brennende Liebe zur Natur aus diesen frühen Prägungen. Doch darüber werde ich wohl niemals Gewissheit erlangen.

Als sie seinen Sarg in die Erde hinabließen, starb für mich eine Welt. Es hatte etwas Endgültiges. Der Anblick zerriss mich - ohne Hoffnung auf Heilung.

Die gesamte Zeit vor der Beerdigung hatte ich das Gefühl, nein die schwache Hoffnung, gehabt, dass Paul wie durch ein Wunder wieder auferstehen würde. Ich konnte nicht glauben, dass er tot war. Doch heute weiß ich es mit Sicherheit. Er wird nicht wiederkommen.

Die Welt verlor einen großen Geist, der zu heiß brannte. Zu sehnsüchtig strebte er eine bessere Welt an. Und das hatte verheerende Folgen.

Go green ist Geschichte. Pauls letzter Wunsch, dass die Bewegung weiterleben sollte, hat sich noch nicht bewahrheitet. Und ich bin zu schwach, seinen Wunsch in die Tat umzusetzen. Ich bin am Boden zerstört, die Welt um mich herum ist ohne ihn blass, kalt und bedeutungslos.

Diese Zeilen sind die Letzten eines Buches, dass meine Geschichte mit dem inspirierenden Menschen, den ich jemals kannte, erzählt. Ich bedaure, dass man mit Worten nicht beschreiben kann, wie dieser Mensch war.

Gibt es ein reineres Ziel, als die Welt vor der Zerstörung bewahren zu wollen? Ich für meinen Teil kann diese Frage beantworten. Doch für mich ging es immer um mehr. Es ging darum, einen Platz in der Welt zu finden, an etwas zu glauben und einen Traum zu verfolgen. Jetzt, da mein Leben trist und leer ist, frage ich mich: Hat sich all der Schmerz überhaupt gelohnt?"

Ich löse meine Finger von der Tastatur und überfliege die letzte Seite des Dokuments. Ich nicke, speichere das Dokument ab und schließe es.

Die Geschichte ist nun erzählt.

Seufzend lehne ich mich nach hinten und schließe meine Augen. *Was für eine Geschichte!* Ich öffne meine Augen wieder und greife nach der Flasche, die neben mir auf dem Boden steht. *Die Geschichte eines kaputten Menschen!*

Der Whiskey rinnt meine Kehle hinab und schenkt mir das wohltuende Brennen im Hals.

„Paul, wie konnte es nur so weit kommen?" Für einen kurzen Moment schwelge ich in alten Erinnerungen. Damals, als das Leben noch schön war. Doch schnell steigen wieder die Bilder des Grauens in mir auf. *Ich habe versagt. Es ist meine Schuld!*

Die Abstände zwischen meinen Schlucken werden immer kürzer. *Hätte ich anders gehandelt, wärst du noch am Leben.* Ein Vorwurf, den ich mir bei jeder Begegnung auch von Helena anhören darf. *Sie hat recht. Wäre doch ich an seiner Stelle gestorben.*

Ich will weinen, doch meine Trauer sitzt zu tief. Anstelle von befreienden und wohltuenden Tränen verspüre ich eine lähmende Trauer. Niemals hätte ich mir vorstellen können, wie schwer die Last der Leere in einem Menschen herrschen kann. Wie Leere einen niederwirft und zerdrückt. Als die Flasche leer ist, ordne ich meine Gedanken, zwinge mich dazu, mich zu konzentrieren.

Ich drucke das Manuskript aus und bereite einen Briefumschlag vor. Mit zitternden Händen beschrifte ich ihn. Dabei muss ich lachen. *Oh Helena! Wenn du wüsstest, wie sehr du das alles verdient hast.*

Sie war erst vor wenigen Wochen als Mitwisserin zu einer Haftstrafe verurteilt worden. Rauchend warte ich, bis der Drucker sein Werk vollbracht hat. *Vielleicht gefällt es ihr ja.* Schmunzelnd verstaue ich das gedruckte Manuskript im Briefumschlag und schließe ihn gewissenhaft. Als ich den Umschlag vor mir auf dem Tisch liegen sehe, überkommt mich ein ungewohntes Gefühl. Langsam nimmt es mir etwas von der Last des Verlustes. *Erleichtert. Ich bin erleichtert.*

Zufrieden lehne ich mich zurück, die Augen fest auf den Umschlag gerichtet. *Du wirst deinen Weg morgen finden.*

Ich drücke meine Zigarette aus, dann schließe ich meine Augen. *Und ich?* Meine Hände liegen auf meinen Knien, mein Körper ist vollkommen entspannt. *Was wird mein Weg sein? Wie finde ich Erlösung?* Ein Gedanke, der lange im Verborgenen gereift war, bahnt sich seinen Weg in mein Bewusstsein.

Das ist es!

Ich springe auf, meine Augen sind weit aufgerissen, mein Herz klopft schnell. *Nur so kann es gehen. Auf diesem Wege finde auch ich meine Ruhe!*

Danksagung

Ich danke allen Menschen, die mich mit ihren fragwürdigen Handlungen inspiriert haben. Ohne euch wäre ich wahrscheinlich nicht auf die Idee gekommen, ein Werk über die Absurdität von ideologischer Verblendung zu schaffen.

Des Weiteren danke ich allen, die mir geholfen haben, meine Ideen zu verwirklichen.